CULTURA E INTERAÇÃO

FACES DA CULTURA E DA COMUNICAÇÃO ORGANIZACIONAL

5

CULTURA E INTERAÇÃO

Marlene Marchiori (org.)

Copyright © 2014 Difusão Editora e Editora Senac Rio de Janeiro. Todos os direitos reservados.
Proibida a reprodução, mesmo que parcial, por quaisquer meio e processo, sem a
prévia autorização escrita da Difusão Editora e da Editora Senac Rio de Janeiro.

ISBN: 978-85-7808-163-8
Código: COFAV5T2E1I1

Editoras: Michelle Fernandes Aranha e Karine Fajardo
Gerente de produção: Genilda Ferreira Murta
Coordenador editorial: Neto Bach
Assistente editorial: Karen Abuin
Copidesque: Jacqueline Gutierrez
Revisão: Cristina Lavrador Alves e Cecilia Setubal
Capa: Cristina Thomé (Visualitá)
Ilustrações de capa: Detalhe da obra "A caminho do mercado" – 2010, do artista plástico José Gonçalves
(www.josegoncalves.art.br)
Projeto gráfico e editoração: Roberta Bassanetto (Farol Editorial e Design)

Dados Internacionais de Catalogação na Publicação (CIP)
(Câmara Brasileira do Livro, SP, Brasil)

Cultura e interação / Marlene Marchiori (org.). São Caetano do Sul, SP:
Difusão Editora; Rio de Janeiro: Editora Senac Rio de Janeiro, 2014. -- (Coleção
faces da cultura e da comunicação organizacional; 5)

Vários autores
Bibliografia.
ISBN 978-85-7808-102-7 (obra completa)
ISBN 978-85-7808-163-8 (v. 5)

1. Comunicação e cultura 2. Comunicação nas organizações 3. Cultura organizacional
I. Marchiori, Marlene. II. Série.

14-00287   CDD-658.45

Índices para catálogo sistemático:
1. Cultura e comunicação organizacional: Administração 658.45

Impresso no Brasil em março de 2014.

SISTEMA FECOMÉRCIO-RJ
SENAC RIO DE JANEIRO
Presidente do Conselho Regional: Orlando Diniz
Diretor-Geral do Senac Rio de Janeiro: Eduardo Diniz
Conselho Editorial: Eduardo Diniz, Ana Paula Alfredo, Marcelo Loureiro, Wilma Freitas, Manuel Vieira e
Karine Fajardo

Editora Senac Rio de Janeiro
Rua Pompeu Loureiro, 45/11º andar – Copacabana
CEP 22061-000 – Rio de Janeiro – RJ
comercial.editora@rj.senac.br | editora@rj.senac.br
www.rj.senac.br/editora

Difusão Editora
Rua José Paolone, 72 – Santa Paula
CEP 09521-370 – São Caetano do Sul – SP
difusao@difusaoeditora.com.br – www.difusaoeditora.com.br
Fone/fax: (11) 4227-9400

*Dedico esta coleção
a minha filha Mariel.*

Sumário

Agradecimentos 9

Sobre os autores 11

Apresentação da coleção 15

Apresentação da face 21

Ensaio – Cultura revela-se em movimentos 29

Capítulo 1 – Cultura organizacional *versus* culturas nas organizações: conceitos contraditórios entre o controle e a compreensão 33
Alexandre de Pádua Carrieri
Alfredo Rodrigues Leite da Silva

Capítulo 2 – O entendimento das organizações como culturas: uma alternativa teórico-metodológica 57
Alexandre de Pádua Carrieri
Alfredo Rodrigues Leite da Silva

Capítulo 3 – O sujeito como múltiplo agente de múltiplas operações 73
Wander Emediato

Capítulo 4 – Comunicação, cultura e interação nas organizações 87
Rudimar Baldissera

Capítulo 5 – O homem, a cultura e as relações de comunicação no mundo do trabalho 101
Roseli Figaro

Capítulo 6 – A complexidade dos processos comunicacionais e a interação nas organizações 113
Rudimar Baldissera

Capítulo 7 – Comunicação e cultura organizacional: a complexidade dos diálogos "(in)visíveis" 125
Cleusa Maria Andrade Scroferneker

Capítulo 8 – O processo de construção de significado nas organizações da contemporaneidade 137
António Fidalgo
Gisela Gonçalves

Estudo de caso – Basf: relacionamento com a comunidade 151
Gislaine Regina Rossetti

Roteiro para análise da face 161
Marlene Marchiori

Posfácio 165
Margarida M. Krohling Kunsh

Agradecimentos

Obrigada pelo envolvimento, pelo aprendizado e pelas contribuições de cada autor, pesquisador, colega e executivo de comunicação, pessoas que possibilitaram tornar a coleção *Faces da cultura e da comunicação organizacional* instigante e desafiadora.

Dirijo meu reconhecimento e agradecimento especial aos orientadores Mike Featherstone, Patrice M. Buzzanell, Sergio Bulgacov e Sidineia Gomes Freitas, os quais marcaram minha trajetória. Sou grata ainda à dedicação de Ana Luisa de Castro Almeida e ao apoio dos colegas Eda Castro Lucas de Souza, Eni Orlandi, Fabio Vizeu, Ivone de Lourdes Oliveira, Miguel L. Contani, Paulo Nassar, Regiane Regina Ribeiro, Suzana Braga Rodrigues, Vera R. Veiga França e Wilma Vilaça, e dos alunos de pós-graduação e de iniciação científica dos grupos de pesquisa que lidero.

Agradeço ao empresário Luiz Meneghel Neto e à executiva Michelle Fernandes Aranha – que, com visões empreendedoras, sempre acreditaram e incentivaram o desenvolvimento dos estudos nesse campo –, e ao apoio e ao envolvimento das equipes da Difusão Editora e da Editora Senac Rio de Janeiro.

Sobre os autores

Alexandre de Pádua Carrieri

Doutor em Administração pela Universidade Federal de Minas Gerais (UFMG). Professor titular do departamento de Ciências Administrativas e do Centro de Pós-Graduação e Pesquisas em Administração (Cepead) da UFMG. Pesquisador do Conselho Nacional de Desenvolvimento Científico e Tecnológico (CNPq). Líder do Núcleo de Estudos Organizacionais e Sociedade (Neos) da UFMG; do Núcleo de Estudos em Tecnologias de Gestão e Subjetividades (Netes) e do Grupo de Estudos sobre Poder em Organizações (Gepo) da Universidade Federal do Espírito Santo (Ufes); e do Núcleo de Estudos em Recursos Humanos e Relações de Trabalho (Nerhurt) da Pontifícia Universidade Católica de Minas Gerais (PUC Minas).

Alfredo Rodrigues Leite da Silva

Doutor em Administração pela Universidade Federal de Minas Gerais (UFMG) e mestre em Administração pela Universidade Federal do Espírito Santo (Ufes). Professor adjunto do departamento de Administração da Ufes. Pesquisador do Núcleo de Estudos Organizacionais e Sociedade (Neos) da UFMG e do Núcleo de Estudos em Tecnologias de Gestão e Subjetividades (Netes) da Ufes. Atua em pesquisas nas áreas de Simbolismo, Cultura, Poder, Representações Sociais e Estratégia como Prática Social nas Organizações.

António Fidalgo

Estudou Filosofia nas Universidades de Lisboa, em Portugal, e de Würzburg, na Alemanha, onde se doutorou na área de Fenomenologia. Lecionou na Universidade Católica Portuguesa, de 1984 a 1991, e, desde então, é professor catedrático de Ciências da Comunicação e diretor do Laboratório de Comunicação Online (LabCom) da Universidade da Beira Interior (UBI). Desenvolve trabalhos nas áreas de Semiótica, Retórica, Jornalismo e Novos Meios. Atualmente estuda Teorias da Cultura.

Cleusa Maria Andrade Scroferneker

Doutora em Ciências da Comunicação pela Escola de Comunicações e Artes da Universidade de São Paulo (ECA-USP). Bolsista na modalidade PQ pelo CNPq. Professora titular do programa de pós-graduação em Comunicação e do curso de Comunicação Social (habilitação: Relações Públicas) da Faculdade de Comunicação Social da Pontifícia Universidade Católica do Rio Grande do Sul (PUCRS). Coordenadora do Grupo de Trabalho (GT) Comunicação Organizacional do Seminário Internacional de Comunicação, do GT Comunicación Organizacional y Relaciones Públicas da Associação Latino-Americana de Investigadores da Comunicação (Alaic), na gestão 2012-2014, e de mesas temáticas nos congressos da Associação Brasileira de Pesquisadores em Comunicação Organizacional e Relações Públicas (Abrapcorp). Membro do Conselho Editorial da *Organicom* (*Revista Brasileira de Comunicação Organizacional e Relações Públicas*) – e da *Intercom* (*Revista Brasileira de Ciências da Comunicação*) da Sociedade Brasileira de Estudos Interdisciplinares da Comunicação. Coordenadora da Coordenadoria de Iniciação Científica da Diretoria de Pesquisa da Pró-Reitoria de Pesquisa, Inovação e Desenvolvimento (Propesq) da PUCRS.

Gisela Gonçalves

Doutora em Ciências da Comunicação, professora auxiliar da Faculdade de Artes e Letras da Universidade da Beira Interior (UBI), em Portugal, e pesquisadora do Laboratório de Comunicação Online (LabCom), na área de Comunicação e Persuasão. Atualmente, é diretora do mestrado de Comunicação Estratégica da UBI. Desenvolve trabalhos nas áreas de Teoria das Relações Públicas, Responsabilidade Social Empresarial, Ética da Comunicação e Deontologia Profissional. É autora da obra *Introdução à Teoria das Relações Públicas*.

Gislaine Regina Rossetti

Foi diretora de Relações Institucionais, de 2011 a 2013, da Basf para a América do Sul, empresa em que trabalhou 17 anos e na qual exerceu, desde 2003, o cargo de Diretoria de Comunicação para a América Latina. Formada em Relações Públicas pela Pontifícia Universidade Católica de Campinas (PUC-Campinas) e pós-graduada em Gerenciamento de Comunicação Empresarial pela Universidade de São Paulo (USP). É professora convidada da Fundação Getulio Vargas (FGV-SP), desde 2004. Recebeu vários prêmios: da Associação Brasileira de Comunicação Empresarial (Aberje) (2001, 2002 e 2006), do Conselho Regional dos Profissionais de Relações Públicas (2002, 2003, 2004, 2005, 2007 e 2009), da USP (2005) e da Universidade Metodista de São Paulo (Umesp) (2010). Em 2012, foi reconhecida pelo Prêmio Aberje como Personalidade do Ano em Comunicação Empresarial.

Roseli Figaro

Professora livre-docente do programa de pós-graduação em Ciências da Comunicação na Escola de Comunicações e Artes da Universidade de São Paulo (ECA-USP). Concluiu pós-doutorado pela Université de Provence, na França, com pesquisa desenvolvida no departamento de Ergologia/Análise Pluridisciplinar de Situações de Trabalho. É autora dos livros: *As mudanças no mundo do trabalho dos jornalistas*; *Relações de comunicação no mundo do trabalho*; *Comunicação e trabalho – Estudo de recepção: o mundo do trabalho como mediação da comunicação*. Coordena o Centro de Pesquisa em Comunicação e Trabalho (CPCT) da ECA-USP (www.eca.usp.br/comunicacaoetrabalho), credenciado pelo CNPq.

Rudimar Baldissera

Doutor em Comunicação pela Pontifícia Universidade Católica do Rio Grande do Sul (PUCRS), mestre em Comunicação/Semiótica pela Universidade do Vale do Rio dos Sinos (Unisinos), especialista em Gestão de Recursos Humanos pela Unisinos e bacharel em Relações Públicas pela Universidade de Caxias do Sul (UCS). Professor adjunto e pesquisador do curso de Comunicação Social e do Programa de Pós-Graduação em Comunicação e Informação (Ppgcom) da Universidade Federal do Rio Grande do Sul (UFRGS). Vice-presidente da Associação Brasileira de Pesquisadores em Comunicação Organizacional e Relações Públicas (Abrapcorp), na gestão 2010-2012. Autor da obra *Comunicação organizacional: o treinamento de recursos humanos como rito de passagem* e de vários capítulos de livros e artigos em periódicos.

Wander Emediato

Professor da Faculdade de Letras da Universidade Federal de Minas Gerais (Fale/UFMG), atua na área de Língua Portuguesa (Estudos Textuais e Discursivos). É doutor em Ciências da Linguagem pela Université Paris 13, na França, e concluiu pós-doutorado pelo laboratório ICAR/CNRS (*Interactions, corpus, apprentissages et répresentations*) da Université Lumière Lyon 2, na França. Coordenador do Núcleo de Análise do Discurso da Fale/UFMG e delegado regional da Associação Latino-Americana de Estudos do Discurso (Aled) no Brasil. É autor de vários textos publicados em livros e revistas na área de Letras, além da obra *A fórmula do texto: redação, argumentação e leitura*.

Apresentação da coleção

Para absorver a multiplicidade e a divergência das faces da cultura e da comunicação, torna-se indispensável reexaminar conceitos e conferir-lhes novas leituras. Com esse propósito, foi criado, na Universidade Estadual de Londrina, o Grupo de Estudos Comunicação e Cultura Organizacional (Gefacescom), certificado institucionalmente no Conselho Nacional de Desenvolvimento Científico e Tecnológico (CNPq) e, nesse contexto, indispensável à visão das organizações como expressividade de cultura e comunicação.

Nessa ótica, as organizações se mostram inseridas em um mundo permeado de símbolos, artefatos e criações subjetivas ao qual chamamos de Cultura, sendo a comunicação constitutiva desses espaços realizada mediante processos interativos. Essas abordagens nos levam a compreender como organizações são constituídas, nutridas, reconstruídas e transformadas. Conhecer as implicações dos conceitos comunicação e cultura é concentrar o olhar na perspectiva processual que a cada movimento emerge em um novo contexto, um novo sentido, que se ressignifica, se institui e reinstitui nas interações, ajudando a entender os contextos, as decisões, os múltiplos ambientes e as potencialidades vivenciadas nas organizações.

A discussão da cultura na sociedade foi revelada em 1871 por Edward B. Tylor. Já no contexto organizacional, a expressão "cultura de empresa" surgiu na década de 1950 com Elliott Jaques (1951). Na década de 1980, Linda Smircich (1983) agrupou em duas as abordagens epistemológicas e metodológicas adotadas por pesquisadores: cultura concebida como variável; e cultura compreendida como metáfora da organização.

A primeira abordagem, com influência do paradigma funcionalista, trata da chamada Cultura Organizacional (CO) como aspecto que a organização tem. A segunda abordagem, com raízes no paradigma interpretativo, lida com a cultura como algo que uma organização é (SMIRCICH, 1983); por isso, trata a Cultura nas Organizações (CNO) (ALVESSON,1993). Essa última definição é mais abrangente que a primeira, pois pressupõe uma ação do indivíduo no processo, sugerindo, assim, falar-se de **CulturaS**[1] nos ambientes organizacionais em razão da multiplicidade de pessoas que, ao interagirem, fomentam diferentes formas de ser, fazendo emergir diversidades e diferenças, e não uma visão única de cultura. Assim, abordagens no campo interpretativo, crítico e pós-moderno[2] vão além da visão de cultura como variável (paradigma funcionalista) e suscitam reflexões e instigam o desenvolvimento de novas pesquisas teóricas e empíricas nos estudos organizacionais e comunicacionais.

Essas diferentes concepções fazem considerar organizações ambientes dinâmicos, interativos, discursivos, com elementos constituintes (essenciais) e constitutivos (meios e recursos) no processo de criação e de consolidação de realidades. É fundamental admitir que se vivenciam múltiplas culturas. A realidade é maleável, construída pelos indivíduos por meio de dinâmicas, processos, práticas e relacionamentos que se instituem socialmente.

Uma pessoa se revela como ser social em sua relação com outras. Dessa forma, emerge nas organizações um processo contínuo e ininterrupto de construção de culturas. Esses contextos constituídos na interação fazem sentido em determinado ponto e ascendem ao estatuto de processos institucionalizados até que o próximo questionamento dissolva essa cadeia de equilíbrios e produza uma espiralação que coloca a realidade grupal em patamar distinto daquele em que todos se encontravam.

Essa visão contemporânea modifica radicalmente a noção de cultura no contexto organizacional e de relacionamento natural com todas as áreas e os processos de construção coletiva, de onde surgem as inúmeras faces e interfaces que assume.

Ao longo dos dez volumes, ou das dez faces, desta coleção, amplia-se o olhar sobre as possibilidades de produção das interpretações possíveis de cultura, ultrapassando a abordagem de considerá-la uma variável controlada pela organização de acordo com os valores definidos pela alta direção ou pelos fundadores. A coleção desvenda e identifica múltiplas

---

[1] Nota das editoras: grifo da autora para enfatizar o plural, fazendo compreender que não há uma única cultura, mas várias.
[2] Nota da autora: paradigmas tratados no Volume 3 desta coleção.

faces, as quais possibilitam revelar conhecimentos diversificados das realidades organizacionais, com linguagem e conteúdos próprios. A face é uma singularidade, marcadora de identidade(s). Em decorrência de uma abordagem multiparadigmática, as faces podem inter-relacionar-se, possibilitando, pelas proximidades e conexões, diálogos diversificados e análises ainda mais amplas da cultura e da comunicação nas interfaces.

A teoria das faces defendida por Erving Goffman (1967) lembra que as pessoas tendem naturalmente a experimentar uma resposta emocional quando estão em contato com outras. Nesse contexto, o termo face representa "o valor social positivo que uma pessoa reclama para si por meio daquilo que os outros presumem ser a linha por ela tomada durante um contato específico" (GOFFMAN, p. 76). Dentro dessa ótica, a face é um constructo sociointeracional, uma vez que depende do outro. Uma face não se constitui no isolamento. Ela se faz "em" comunicação e no bojo das relações com o outro – trazendo as marcas dessas relações. A comunicação dá origem à dimensão do "quem somos", isto é, uma identidade que se institui e se reinstitui nas conversações – resultado de uma comunicação processual que dá alma aos fragmentos que, no seu interior, interagem.

O significado constituído por um grupo pode não ser o mesmo para outro; ainda assim, as diferenças convivem e interatuam. Então, pode-se dizer que há uma imbricação entre cultura e comunicação; nenhuma se sobrepõe à outra, uma vez que cultura interpenetra comunicação, ao mesmo tempo que comunicação interpenetra cultura.

Essa inter-relação envolve uma variedade de faces que devem ser observadas em conjunto para que sejam compreendidas adequadamente. Esta coleção revela as faces e interfaces que a cultura e a comunicação assumem no mundo das organizações. Com abordagens teóricas e práticas, apresentam-se ao leitor pensamentos contemporâneos, que ajudam a ampliar o conhecimento, e relatos de casos de empresas, que aproximam e integram os campos acadêmico e profissional. O conjunto da obra, na sua complexidade, procura refletir sobre variáveis diferentes de análise, na tentativa de instituir um diálogo entre as faces.

Comunicação em interface com cultura

Alude ao olhar para as organizações como processo, o que implica uma visão da comunicação interativa – construção de sentido entre sujeitos interlocutores. A cultura é um processo que se cria e se recria a cada nova dinâmica social, sujeita à intencionalidade do ato humano. **Casos Vale e Gerdau.**

Estudos organizacionais em interface com cultura

Essa face leva o mundo dos negócios a refletir sobre o valor do homem e suas relações nesse contexto sócio-histórico, não prevalecendo uma visão unificada da cultura, mas múltiplos processos simbólicos. **Caso Odebrecht.**

Perspectivas metateóricas da cultura e da comunicação

Ao compreender cultura e comunicação como constructos, amplia a reflexão metateórica sobre os estudos nesse campo ao considerar as perspectivas epistemológicas funcionalista, interpretativa, crítica e pós-moderna, sem o julgamento de valor de que uma perspectiva seja melhor ou mais adequada que outra. **Caso Matizes Comunicação.**

História e memória

Contempla o processo de formação da cultura como articulação da presença do indivíduo em relação ao outro ao discutir a história oral, aquela que considera os elementos humanos na sua constituição, sendo sua matéria-prima a memória, a identidade e a comunidade. **Caso Votorantim.**

Cultura e interação

O olhar recai sobre processos simbólicos e práticos, assumindo a interação como um aspecto intrínseco às organizações. São processos criados e nutridos pelos sujeitos múltiplos, os quais assumem papéis estratégicos na comunicação e posições enunciativas heterogêneas. **Caso Basf.**

Liderança e comunicação interna

Evidencia uma descentralização nos ambientes organizacionais ao expandir a visão de relacionamentos pela qual líderes e liderados realizam mudanças. Ganha destaque a comunicação interna que privilegia a constituição dos espaços de fala. **Casos Tetra Pak e Natura.**

Linguagem e discurso

A instância discursiva é um elemento da vida social, pois as práticas simbólicas são continuamente constituídas ao colocar a linguagem em funcionamento nas situações de fala que ocorrem no dia a dia das organizações. **Caso Braskem.**

Contexto organizacional midiatizado

Mídia é entendida como o principal agente contemporâneo de circulação e interconexão de fluxos humanos, materiais e imateriais. **Caso Fiat.**

Conhecimento e mudança

O conhecimento se constitui com base na ação dos sujeitos, ou seja, organizações são dependentes do ser no processo de construção do saber. **Casos Embraco e Itaú-Unibanco.**

Sociedade, comunidade e redes

Reacende o valor das discussões, dos intercâmbios e revela organizações como conjunto de elementos humanos e não humanos que englobam atores, redes e processos comunicacionais. **Casos Samarco e Fundação Dom Cabral.**

Ocorre uma abordagem de ímpeto inovador no campo dos estudos organizacionais e da comunicação quando se suscitam debates e reflexões sobre as diversas faces. Para compor o todo, esta coleção reúne acadêmicos, pesquisadores e executivos de comunicação, reconhecidos nacional e internacionalmente, testemunhas de uma nova realidade: a da cultura e da comunicação como temas conexos. Realidade que desafia os leitores a ressignificar.

Marlene Marchiori

Referências

ALVESSON, M. *Cultural perspectives on organizations*. Cambridge: Cambridge University Press, 1993.

GOFFMAN, E. On face-work, an analysis of ritual elements in social interaction. In: GOFFMAN, E. (ed.). *Interaction ritual*. Nova York: Pantheon Books, 1967.

JAQUES, E. *The changing culture of a factory*: a study of authority and participation in an industrial setting. Londres: Tavistock, 1951.

SMIRCICH, L. Concepts of culture and organizational analysis. *Administrative Science Quarterly*, v. 28, n. 3, p. 339-358, set./dez. 1983.

TYLOR, E. B. *Primitive culture*: researches into the development of mythology, philosophy, religion, languages, art and customs. Londres: John Murray, Albemarle Street, 1871.

Apresentação da face

O olhar deste volume, ou desta face, *Cultura e interação*, o quinto da coleção *Faces da cultura e da comunicação organizacional*, recai sobre processos simbólicos e práticos incorporados nas organizações por meio das interações, compreendidas como processos de construção social do significado, os quais emergem nas conversações (KUHN; ASHCRAFT, 2003). Discute-se uma vertente que vai além da visão instrumental da comunicação, ou seja, o movimento é antagônico ao paradigma informacional, no qual os significados são assumidos como existentes (DEETZ, 1992). Assim, evolui-se para uma visão da comunicação como interação, em que o fenômeno comunicacional se constitui de forma circular e processual. A comunicação assume, nessa perspectiva, uma função criadora e não reprodutiva da realidade.

Por conseguinte, a linguagem se constitui em um objeto privilegiado de estudo, e explorá-la no contexto das organizações é compreender a formação de processos, o desenvolvimento de ações e a tomada de decisões, é, na fala de Chanlat (2009), aprender o simbólico e a identidade individual e coletiva. A comunicação é, assim, um processo contínuo em que os atores exploram, negociam e modificam o significado da organização (SCHOENEBORN; TRITTIN, 2013).

Nesse sentido, a comunicação é contínua e complexa (BERLO, 2003), considerada como característica proeminente da vida nos negócios (IHLEN; BARTLETT; MAY, 2011). Comunicação inclui os processos pelos quais as pessoas se "influem mutuamente" (BATESON; RUESCH, 1965, p. 11), sendo essencial na estruturação da organização

(BARNARD, 1938). Dessa forma, compreende-se interação como um aspecto intrínseco às organizações, uma sequência de comportamentos contíguos. O contexto no qual a interação ocorre delineia os sentidos que emergem dos significados produzidos pela dinâmica da organização.

A opção por esse posicionamento inspira-se também no fundamento apresentado por Chanlat (2009, p. 29), ao enfatizar que reduzir a visão da comunicação para uma vertente mecanicista, inspirada na engenharia, "é elidir todo o problema do sentido e das significações. É esquecer que todo discurso, toda palavra pronunciada ou todo documento escrito se insere em maior ou menor grau na esfera do agir, do fazer, do pensar e do sentimento". Desse modo, é fundamental diferenciar o processo de informação, que transmite significado, do processo comunicativo, que constrói e negocia significado, quando a comunicação é compreendida como constitutiva (VAREY, 2006).

Compreender comunicação como processo complexo de negociação de significados (SCHOENEBORN; TRITTIN, 2013), implica o conceito de que as organizações se constroem nos processos interativos, marcados por diferenças e heterogeneidades. Nesse sentido, a coexistência de múltiplos sistemas de significados e, consequentemente, de práticas simultâneas são naturalmente concebidas pelas pessoas, o que lhes dá a condição de aprenderem a viver e a conviver na diversidade (HILAL, 2003).

Tais processos, por serem essencialmente interativos, são criados e nutridos pelos sujeitos. Nesse contexto, compreende-se a multiplicidade dos sujeitos os quais assumem papéis estratégicos na comunicação e posições enunciativas heterogêneas. Assim, culturas são resultado de interações sociais que se constroem no dia a dia das organizações, consistindo na atividade humana singular em dados contextos.

Nesse intuito, a comunicação relacional de Vera R. Veiga França (2001; 2008) evidencia a articulação entre interlocutores, contexto e discursos produzidos na interação. E essa abordagem implica conceber a comunicação relacional pela interseção das três dinâmicas a seguir.

> 1. A produção e o intercâmbio de sentidos entre sujeitos interlocutores.

> 2. O contexto sobre o qual os sujeitos atuam e do qual recebem os reflexos.

> 3. Os aspectos simbólicos que impregnam a relação comunicacional.

Essas dinâmicas sugerem compreender organizações como espaços de interações em processos que se desenvolvem nas conversações entre interlocutores. Braga concebe:

"interação social" (ou, quando necessária maior explicitação, "interação comunicacional"), ou ainda simplesmente "interação" – abrangendo, mas não se restringindo àquelas trocas do modelo alternado-recíproco. Uma maneira (intuitiva e não "definidora") de referir-se à interação comunicacional é considerar que se trata aí dos processos simbólicos e práticos que, organizando trocas entre os seres humanos, viabilizam as diversas ações e objetivos em que se veem engajados (por exemplo, de área política, educacional, econômica, criativa, ou estética) e toda e qualquer atuação que solicita coparticipação (BRAGA, 2011, p. 66).

A interação leva a uma dimensão dos aspectos subjetivos do significado. Como os processos são constituídos pelas pessoas em interação, a presença de um sujeito certamente afeta o outro. As significações e os sentidos são construídos no contexto por meio das conversações, sendo, portanto, a linguagem e a comunicação questões primordiais do processo.

Em seu ensaio, **Sylvia Constant Vergara** compreende cultura como constructo e argumenta sobre a necessidade de se compreender o ser humano: quem, nas interações, constrói teias de significação. Objetividade e subjetividade entram em cena e provocam um olhar para os contextos históricos, políticos e sociais que permeiam as organizações. São processos que provocam transversalidade nos ambientes e que requerem diferentes e simultâneos movimentos organizacionais.

Alexandre de Pádua Carrieri e **Alfredo Rodrigues Leite da Silva** contextualizam as diferentes influências que os estudos sobre cultura voltados para organizações sofreram, o que fez emergir diversas abordagens. Assim, no Capítulo 1, o primeiro escrito por esses autores neste volume visa contribuir para o entendimento de como se configuram os estudos sobre cultura voltados para organizações. Nesse sentido, os autores tratam da diversidade conceitual da cultura e apresentam as origens e os desenvolvimentos dos estudos sobre cultura com foco nas organizações. Os autores abordam os elementos que diferenciam as perspectivas da integração, da diferenciação e da fragmentação, considerando seus imbricamentos com as dimensões que demarcam as chamadas abordagens da cultura organizacional e das culturas na organização. Carrieri e Silva consideram que os estudos sobre cultura voltados para organizações, em essência, compõem um mosaico de abordagens que configuram duas buscas distintas: o controle e a compreensão da cultura.

Entendendo organizações como culturas, **Alexandre de Pádua Carrieri** e **Alfredo Rodrigues Leite da Silva**, no Capítulo 2, seu segundo deste volume, concebem uma alternativa teórico-metodológica alinhada com a complexidade e a especificidade dessa temática para os leitores interessados em reconhecer e lidar com esse mosaico cultural. Para esses autores, as pessoas são historicamente constituídas uma vez que carregam as culturas dos contextos da construção social das realidades nas quais se inserem. O objetivo do texto é discutir a compreensão das organizações como culturas ao adotar nas pesquisas a abordagem das três perspectivas – integrada, diferenciada e fragmentada – em conjunto. Ao tratar os dados por meio da Análise do Discurso (AD), Carrieri e Silva refletem sobre a adequação desse caminho para falar em culturas (no plural) na organização.

Wander Emediato, ao tratar da primeira geração da AD, com Michel Pêcheux, aos estudos contemporâneos sobre o discurso e a enunciação, aborda primeiramente o entendimento do sujeito como uma posição na topografia social e no sistema de formações ideológicas, e prossegue, na sequência, para a abordagem de um sujeito múltiplo que assume passos estratégicos na comunicação e posições enunciativas heterogêneas. Apresenta no Capítulo 3 as diferentes faces desse sujeito e suas múltiplas dimensões, buscando refletir sobre seu funcionamento na dinâmica da comunicação nos ambientes organizacionais, tal como a AD moderna poderia descrever.

Rudimar Baldissera, no Capítulo 4, em sua primeira abordagem sobre interação neste volume, parte do pressuposto de que não apenas os sujeitos são construídos pela sociedade/cultura, mas também são seus construtores. Assim, esse autor reflete sobre a tensão entre sujeitos e organizações. Sua clássica concepção que considera a comunicação um processo de construção e disputa de sentidos é fundamentalmente para o autor uma relação de forças. Por conseguinte, os sujeitos, ao interagirem, transformam e são transformados, e, como portadores de cultura (teias de significação), exercem forças sobre a cultura organizacional e sobre as culturas dos outros sujeitos que permeiam esses espaços. Essas tensões fazem com que a teia de significados – como sistema vivo – seja permanentemente perturbada de modo a exigir que se reorganize. Consequentemente, nesse processo, ocorrem ajustes entre o grupo e a organização de forma contínua, tornando esse ambiente dinâmico.

Roseli Figaro define, no Capítulo 5, o homem com base em sua natureza prática, em como se constitui do resultado da ação dele mesmo sobre o meio em que vive. Essa autora discute a respeito da especificidade da psique humana, formada no processo de interação do homem com o meio e dele com seu semelhante, criando significados. Explicita como a atividade humana é singular e articula os conhecimentos da experiência de cada sujeito aos conhecimentos instituídos e normalizados pelo conjunto da sociedade. Para Figaro, a cultura é compreendida como fruto desse processo verdadeiramente vivido. E, por meio desses pressupostos, chega-se aos conceitos de trabalho e de comunicação – aspectos fundamentais para os leitores refletirem sobre as relações de comunicação e as culturas no mundo do trabalho na sociedade contemporânea.

Em sua segunda abordagem sobre interação neste volume, **Rudimar Baldissera** discorre sobre a perspectiva de as organizações existirem pela e em comunicação. Assim, no Capítulo 6, compreende organizações como resultados dinâmicos das complexas interações entre sujeitos e entre eles e o entorno. A comunicação, em tal contexto, é compreendida como processo de construção de sentidos no âmbito das relações organizacionais de modo que as organizações sejam permanentemente (re)construídas considerando a tríade: significação, forças em interação e subjetividades. À luz da comunicação organizacional, atenta-se para as dimensões da organização comunicada e da organização comunicante, reflexões que levam os leitores a reinterpretar os diferentes significados da comunicação nos ambientes organizacionais.

Para **Cleusa Maria Andrade Scroferneker**, a cultura organizacional revela e desvela o universo organizacional, sendo constituinte/constituída por diálogos visíveis e invisíveis. A visibilidade e a invisibilidade desses diálogos, por sua vez, buscam "lugarizar" os indivíduos organizacionais. Com essa abordagem, a autora discute as noções de tempo e espaço, lugar, não lugar e entrelugar, destacando sua relevância. Desse modo, no Capítulo 7, sob a luz do Paradigma da Complexidade de Edgar Morin, reflete sobre as (im)possibilidades dos diálogos que constituem e reconstituem, em diferentes tempos e espaços, a cultura organizacional.

António Fidalgo e **Gisela Gonçalves** propõem, no Capítulo 8, uma análise da comunicação desde o paradigma teórico das "relações públicas simétricas". Com a apresentação das teorias das relações públicas de inspiração habermasiana, os autores evidenciam os processos dialógicos de comunicação, centrais à construção de consensos. Nesse sentido, demonstram como a comunicação promovida pelas relações públicas se fundamenta no diálogo e na cocriação de significados partilhados entre a organização e seus diversos públicos. Essa visão contribui para a reflexão sobre a forma como as organizações criam uma identidade socialmente responsável por meio da comunicação, mesmo em situações de conflito.

Gislaine Regina Rossetti revela o valor do diálogo como agente catalisador da cultura e dos valores da Basf. Com o estudo do caso, demonstra como essa empresa transcodifica seu papel de indústria química na sociedade e, ao apresentar a química como uma ciência benéfica para a população, transcende esse desafio. São apresentadas soluções para a inovação e sustentabilidade que reestruturam os movimentos e os processos de informação da Basf. Destaca-se o quão é relevante conhecer e interagir com os públicos, considerar seus valores e sua cultura, convidando-os para a participação e o debate. Processos que constituem formas de interação, nos quais as relações são alicerçadas em bases sólidas e atitudes coesas. Nesses contextos, consequentemente, a comunicação corporativa assume função estratégica. De um lado, dissemina a estratégia da empresa, assegurando entendimento e conectando cultura e valor; e de outro, atua como agente transformador do diálogo, ajudando na cocriação, organização e públicos, de uma nova percepção da química.

Margarida M. Krohling Kunsch, em seu posfácio, pondera sobre a mudança da perspectiva da comunicação e reflete sobre a complexidade das organizações no que tange a sua esfera humana e social. Nesse contexto, compreende os processos interacionais como vitais para as conexões que permeiam os espaços organizacionais. Assim, ressalta o valor da dimensão humanizadora nas organizações.

Marlene Marchiori

Referências

BARNARD, C. *The functions of the executive*. Cambridge, MA: Harvard Business Press, 1938/1968.

BATESON, G.; RUESCH, J. *Comunicación*: la matriz social de la psiquiatría. Buenos Aires: Paidos, 1965.

BERLO, D. K. *O processo da comunicação*: introdução à teoria e à prática. São Paulo: Martins Fontes, 2003.

BRAGA, J. L. Constituição do campo da comunicação. *Verso e reverso*, v. 25, n. 58, p. 62-77, 2011.

CHANLAT, J.-F. Por uma antropologia da condição humana nas organizações. In: TÔRRES, O. de L. S. (org.). *O indivíduo na organização*: dimensões esquecidas. São Paulo: Atlas, 2009. (Tradução de Ofélia de Lanna Sette Tôrres)

DEETZ, S. *Building a communication perspective in organization studies I*: foundations. Paper presented at the Speech Communication Association, Chicago, out. 1992.

FRANÇA, V. R. V. Paradigmas da comunicação: conhecer o quê? *Ciberlegenda*, n. 5, 2001. Disponível em: <http://www.uff.br/ciberlegenda/ojs/index.php/revista/article/view/314/195>. Acesso em: 10 jan. 2013.

_____. Interações comunicativas: a matriz conceitual de G. H. Mead. In: PRIMO A. et al. (eds.). *Comunicação e interações*. Porto Alegre: Sulina, 2008. p. 71-91.

HILAL, A. V. G. *Dimensões e clusters de cultura organizacional de uma empresa brasileira com atuação internacional*. Rio de Janeiro: Mauad, 2003.

IHLEN, O.; BARTLETT, J. L.; MAY, S. *The handbook of communication and corporate social responsibility*. [s. l.]: John Wiley & Sons, Inc., 2011.

KUHN, T.; ASHCRAFT, K. L. Corporate scandal and the theory of the firm: formulating the contributions of organizational communication studies. *Management Communication Quarterly*, v. 17, p. 20-57, 2003.

SCHOENEBORN, D; TRITTIN, H. Transcending transmission: towards a constitutive perspective on CSR communication. Corporate Communications: *An international journal*, v. 18, n. 2, p. 193-211, 2013.

VAREY, R. J. Accounts in interactions: implications of accounting practices for managing. In: COOREN, F.; TAYLOR, J. R.; VAN EVERY, E. J. *Communication as organizing*: empirical and theoretical explorations in the dynamic of text and conversation. Nova Jersey: Lawrence Erlbaum Associates, 2006. p. 181-96.

Ensaio

Cultura revela-se em movimentos

O **tema cultura** tem seduzido, ao longo de muitos anos, pesquisadores de diferentes áreas do conhecimento, o que já revela o quanto o assunto é instigante. Afinal, trata-se de um constructo que nos remete a mais uma busca incessante de compreensão do ser humano.

Aqui, abrigo a ideia de cultura como um conjunto de crenças, símbolos, valores, referências, princípios e tradições, que, interativamente, é construído, reconstruído e compartilhado pelas pessoas que compõem um grupo, seja este uma organização ou uma sociedade. Por meio da cultura, é possível identificar expectativas, visões de mundo, prioridades, comportamentos. A cultura propõe um processo de socialização e confere certa identidade a um grupo, o que não significa homogeneidade, consenso, pois, nesse caso, não seria algo vivo.

Cultura não é um objeto tangível e estático. Ao contrário, assim como os movimentos de sístole e diástole de nosso coração, por ser um processo de interação entre pessoas, a cultura revela-se em movimentos que tanto provocam a construção de alguma unidade de denotações, crenças e valores quanto a sua desconstrução, seu questionamento. A tecnologia, as gerações com seus comportamentos sendo analisados em um espaço de tempo cada vez menor, a diversidade de crenças religiosas, de formação familiar, de profissões são alguns exemplos que reforçam o dinamismo inerente à cultura; uma teia de significados construída pelo ser humano.

Vale a pena lembrar que pessoas são seres complexos, dotados de razão e sentimentos, de dimensão física e espiritual, de objetividade e subjetividade. Se a objetividade revela uma visão racional, normativa, funcionalista, algo que, de alguma forma, pode ser facilmente observável e compartilhável, o que não significa instrumentalizável, por outro lado, a subjetividade revela a interioridade, a singularidade de cada pessoa, sua experiência vivida, aquilo que constitui sua individualidade. O ser humano tem vida interior, fruto de sua história pessoal. Não existe um ser humano "global" que possa prescindir de suas referências. Tanto a objetividade como a subjetividade são produzidas em contextos históricos, políticos e sociais específicos. Cada pessoa é um ser individual e social.

Durante décadas, os estudos organizacionais ocorreram sob a égide da epistemologia positivista ancorada em critérios racionais e objetivos. Entretanto, quando pesquisadores lançaram um olhar etnográfico para os ambientes organizacionais, observaram que esses ambientes eram permeados, também, por variáveis não controláveis, ou seja, pela subjetividade. Assim, ter a cultura como foco nos estudos organizacionais significa considerar o ser humano presente nas organizações, sua história, sua interação.

Interação é um espaço de encontro, de comunicação, de relações de poder, de interpretações das pessoas. Emoções fazem parte das interações. Se o comportamento explícito de acolhimento da cultura construída é facilmente perceptível, o mesmo não se dá em relação às interpretações, aos julgamentos sobre tal cultura. Essa circunstância, no entanto, acaba por provocar novas interações e a reconstrução da cultura já aceita, em um movimento que revela a própria dinâmica da vida com suas expressões de paradigmas, sua ordem e desordem, suas certezas e ambiguidades, seus paradoxos e suas lógicas, sua unidade e diversidade, ou seja, sua complexidade.

O tema cultura, quando analisado no ambiente organizacional, não pode ser tratado de forma isolada de seu contexto social. Afinal, uma organização não existe no vácuo. É preciso considerar que os aspectos culturais de uma sociedade não só definem o escopo do relacionamento das organizações com o mercado, mas também acabam por influenciar o desenvolvimento de novos processos dessas organizações. A interação se faz presente o tempo todo, embora tal situação possa ser ainda ignorada por muitos fatores decisivos. Não são raros, por exemplo, os casos de organizações que implantam suas fábricas em certas regiões do Brasil e, em um determinismo hegemônico, não consideram os valores e costumes locais.

No ambiente organizacional não é rara, também, a desconsideração formal da cultura de expatriados, tão comuns na época atual. Será que um profissional alemão, ou chinês, no Brasil, vê o mundo do trabalho do mesmo modo que um brasileiro? Será que o acolhimento explicitado de certa cultura habilita aquele que a acolhe a, desde logo, confortavelmente vivê-la, em um processo de reconstrução individual, próprio do ser humano?

É bem verdade que, com a exacerbada velocidade do desenvolvimento tecnológico, as barreiras geográficas foram diluídas, o que acaba por provocar a transversalidade de crenças, símbolos e valores que antes eram reconhecidos e compartilhados apenas localmente. Essa interação, contudo, não invalida os valores e comportamentos locais; por vezes, até os reforça. Um bom exemplo é o caso da flexibilidade atribuída ao brasileiro como um forte traço cultural característico. Se, historicamente, tal traço pode ter sido percebido de forma pejorativa, como a habilidade de uma pessoa ou de um grupo burlar relações formais, hoje *rankings* mundiais apontam e reforçam a capacidade de adaptação que o brasileiro tem diante de novas situações, e o que isso significa em um mundo de tantas e tão velozes transformações.

A flexibilidade remete à interação. Aqui, vale a pena lembrar que o brasileiro conhece bem esse espaço de encontro, a começar de suas raízes multiculturais, objeto de tantos estudos. Uma reflexão sobre isso, e o que os novos tempos estão revelando, parece ser bastante oportuna.

Sylvia Constant Vergara
Professora da Escola Brasileira de Administração
Pública e de Empresas da Fundação Getulio Vargas (Ebape/FGV)

CULTURA ORGANIZACIONAL *VERSUS* CULTURAS NAS ORGANIZAÇÕES: CONCEITOS CONTRADITÓRIOS ENTRE O CONTROLE E A COMPREENSÃO

Alexandre de Pádua Carrieri
Alfredo Rodrigues Leite da Silva

O desenvolvimento tecnológico e a crescente preocupação com a competitividade de países, organizações e indivíduos têm ampliado a mobilidade das informações, dos costumes, dos próprios indivíduos e das organizações, o que extrapola limites locais e nacionais e promove impactos na sociedade (FREITAS, 1999).

Foi nesse cenário que pesquisas sobre cultura voltadas para as organizações ganharam importância. A partir do fim da década de 1970, notou-se uma ênfase intensificada, destacando-se os estudos dos aspectos culturais e organizacionais japoneses, que se apresentam como origem de diversas abordagens (AKTOUF, 1994). No entanto, antes desse período, já existiam estudos envolvendo, de algum modo, cultura e organização desde a década de 1930, com Mayo (1960), e, de maneira mais próxima de como é tratada da década de 1950 até atualmente, com Jaques (1951), além de outras abordagens, com focos diversos, como a comparação cultural com base em diferenças nacionais, descrita por Smircich (1983).

A diversidade dos estudos se relaciona com a própria indefinição conceitual de cultura em ciências mais voltadas ao tema, como a Antropologia e a Sociologia (AKTOUF, 1994). Essa fragmentação se intensificou a partir da década de 1970, com as movimentações na Antropologia oriundas das rupturas com as grandes teorias em Ciências Sociais, consequentes de inadequações das analogias mecanicistas às Ciências Humanas (DUPUIS, 1996).

Ao voltarem o foco para a cultura no contexto organizacional, os estudiosos trouxeram essa diversidade e a ampliaram, pois reinterpretaram os conceitos ao aplicá-los nas organizações e envolvê-los, mais intensamente, em questões específicas, como os interesses e conflitos típicos da relação capital-trabalho. No processo, a despeito de uma suposta neutralidade científica, os estudiosos "adequaram" os conceitos a seus próprios posicionamentos em relação a essas questões. Por exemplo, dependendo da perspectiva adotada, é possível privilegiar interesses do capital ou do trabalho, ou seja, além de um campo de estudo, a cultura passou a fazer parte do repertório das tecnologias de gestão organizacionais, sendo utilizada para vários objetivos, por meio de uma infinidade de perspectivas.

As diferentes perspectivas e os interesses que nelas se legitimam promovem implicações tanto para o campo dos estudos culturais[1] como organizacionais, o que remete à importância de se discutir o tema e compreender parte dessas implicações. Pelo exposto, este estudo objetiva contribuir para um maior entendimento de como se configura a essência dos estudos sobre cultura voltados para organizações.

Dada a infinidade de perspectivas, essa contribuição somente é possível de uma análise com base no agrupamento e na classificação dessas abordagens, de acordo com características comuns. Nesse sentido, para viabilizar o objetivo proposto, optou-se por discutir, mais profundamente, duas classificações relacionadas entre si. A primeira classifica os estudos em três perspectivas (MEYERSON; MARTIN, 1987; FROST et al., 1991; MARTIN, 1992): integração, diferenciação e fragmentação. A segunda divide os estudos em dois grupos (ALVESSON, 1993): um sobre Cultura Organizacional (CO) e outro sobre Culturas na

---

[1] Aktouf (1994) destaca as deturpações do conceito de cultura e de seus elementos-chave, tais como o mito e o herói. Na corrente organizacional, o primeiro é comumente utilizado para indicar anedotas, histórias e metáforas; o segundo, por outro lado, representa uma posição de destaque, base da construção de preceitos ligados aos mitos organizacionais, o que ocorre para sempre em um herói imortal. Na Antropologia, entretanto, o mito envolve questões divinas, referindo-se às crenças sobre as origens e o funcionamento do Universo, enquanto os heróis não são os que constroem as prescrições; eles as transgridem, aceitando a ideia da própria morte para alcançar certa sabedoria.

Organização (CNO). De diferentes maneiras, as duas classificações agrupam esforços que representam a origem e o desenvolvimento dos estudos sobre cultura voltados para organizações, destacando e esclarecendo muito da essência desses estudos.

Para desenvolver essa discussão, após a presente introdução, o estudo trata da diversidade conceitual da cultura e apresenta as origens e os desenvolvimentos dos estudos sobre cultura voltados para organizações. Em seguida, concentra a discussão nos elementos que diferenciam as perspectivas da integração, da diferenciação e da fragmentação e em seus imbricamentos com as dimensões que demarcam as chamadas abordagens da cultura organizacional e das culturas na organização. Em seguida, os argumentos apresentados são contextualizados no cenário brasileiro. Por fim, como considerações finais, são discutidas preocupações, alternativas e contribuições relacionadas com o tema.

A diversidade conceitual de cultura

A compreensão da diversidade dos estudos sobre cultura voltados para organizações exige o reconhecimento da variedade conceitual de cultura. Tal variedade permeia todas as abordagens ligadas ao tema e está presente em ciências mais ligadas aos estudos culturais, como a Antropologia e a Sociologia (AKTOUF, 1994).

A atenção sobre "cultura" se intensifica a partir do século 20, com as contribuições de Tylor (1958, p. 1), o primeiro a aproximar esse termo dos conceitos aceitos atualmente, com sua definição publicada, em 1871, no livro *Primitive culture*: "Compreendido em seu sentido etnográfico amplo, é um conjunto complexo que inclui conhecimentos, crenças, arte, moral, leis, costumes e qualquer outra capacidade e hábitos adquiridos pelo homem como um membro de uma sociedade."

Desde então, de diferentes maneiras, muitos autores exploraram o termo. Essa diversidade é tratada por Geertz (1989), ao afirmar que o conceito de Tylor (1958) mais confunde do que esclarece, assim como por trabalhos de outros estudiosos que nele se basearam. Isso se evidencia na obra *Mirror for man: the relation of the anthropology to modern life*, de Kluckhohn, citada por Geertz (1989) como uma das melhores introduções gerais à Antropologia, mas também criticada, pelo autor, por apresentar 11 alternativas na definição do conceito de cultura:

(1) o modo de vida global de um povo; (2) o legado social que o indivíduo adquire do seu grupo; (3) uma forma de pensar, sentir e acreditar; (4) uma abstração do comportamento; (5) uma teoria, elaborada pelo antropólogo, sobre a forma pela qual um grupo de pessoas se comporta realmente; (6) um celeiro de aprendizagem em comum; (7) um conjunto de orientações padronizadas para os problemas recorrentes; (8) comportamento aprendido; (9) um mecanismo para regulamentação normativo do comportamento; (10) um conjunto de técnicas para se ajustar, tanto ao ambiente externo, como em relação aos outros homens; (11) um precipitado da história, e voltando-se, talvez em desespero, para as comparações, como um mapa, como uma peneira e como uma matriz (GEERTZ, 1989, p. 14).

Opondo-se a essa "fecundidade", Geertz (1989, p. 24) defende que cultura deve ser tratada como "sistemas entrelaçados de signos interpretáveis", e não um poder ao qual, eventualmente, seriam atribuídos "os acontecimentos sociais, os comportamentos, as instituições ou os processos; é um contexto, algo dentro do qual eles podem ser descritos de forma inteligível – isto é, descritos com densidade".

Thompson (2000), apesar de adotar a perspectiva do estudo do simbólico na vida social de Geertz (1989), critica a ausência da contextualização dos conflitos e das relações de poder inerentes às distinções e desigualdades dos atores na estrutura social. Thompson (2000) reconhece os elementos simbólicos e as disposições dos atores na estrutura social, no que chamou "concepção estrutural de cultura". "De acordo com essa concepção, os fenômenos culturais podem ser entendidos como formas simbólicas em contextos estruturados; e a análise cultural pode ser pensada como o estudo da constituição significativa e da contextualização social das formas simbólicas" (THOMPSON, 2000, p. 166).

Observa-se que a tentativa de Geertz (1989) de diminuir a confusão conceitual gerou dissenso, não consenso. Permanece, assim, um processo cuja continuidade pode ser mais bem compreendida com base em uma ruptura epistemológica fundamental que, de acordo com Dupuis (1996), ocorreu com o desmoronamento das grandes teorias em Ciências Sociais nos últimos vinte anos, o que seria positivo, pois as analogias mecanicistas do passado não teriam se revelado adequadas para as Ciências Humanas.

Para o autor, por trás dessa aparente "confusão", há um desejo de exploração minuciosa do mundo social dos homens, identificada na multiplicidade encontrada no campo da Antropologia, podendo ser agrupada em três movimentos: "o primeiro é a volta rigorosa dos conceitos centrados na pessoa; o segundo enfatiza as práticas sociais dos atores; e o terceiro está centrado nos significados nas representações" (DUPUIS, 1996, p. 232).

No primeiro movimento, reintroduz-se o ator (a autonomia) na sociedade e há oposição às concepções deterministas. Entretanto, percebe-se, ainda, certo discurso dominante de que é a sociedade ocidental que detém "o eu mais autônomo" e, é claro, nele legitima-se uma série de atitudes e supremacias. No segundo movimento, a ação dos atores ocorre no interior do universo estruturado, em constante reestruturação pela própria prática dos atores. É reconhecida a contribuição do indivíduo na construção da sociedade, inserido em contextos preexistentes que orientam o sentido das ações. O terceiro movimento trata das significações, "as intenções, os motivos, as atitudes e as crenças dos atores" (DUPUIS, 1996, p. 239). Tais significações revelam que as práticas envolvidas pelos contextos preexistentes contêm uma cultura, na medida em que têm um sentido para os atores.

Dupuis (1996) afirma que esses três movimentos devem ser considerados em conjunto, evitando determinismos das estruturas simbólicas, econômicas ou políticas. Para o autor, uma cultura é configurada no tempo e no espaço pelas "práticas dos atores" e dos grupos no interior de "contextos de interação social" e histórica, configuração que se verificaria no sentido que as práticas contextualizadas teriam para os atores. "Uma definição rigorosa de cultura deveria, assim, articular de maneira dialética contextos de interação social, práticas dos atores e significações das ações" (DUPUIS, 1996, p. 243).

A complexidade de tal articulação remete à necessidade de certo rigor epistemológico, no qual pesquisadores não simplifiquem o termo cultura nem o apliquem de maneira superficial; como para indicar algo instrumentalizável. Entretanto, como destaca Aktouf (1994), a ausência desse rigor tem sido comum na apropriação do conceito de cultura em estudos envolvendo organizações, implicando o surgimento de novas interpretações sobre conceitos preestabelecidos, sem grandes preocupações com a coerência teórica e metodológica, como se observa a seguir.

Origens conceituais dos estudos sobre cultura voltados para organizações

Para Sackmann (1991), a Antropologia se destaca entre as influências nos estudos sobre cultura voltados a organizações. Para o autor, a Escola Funcionalista e a abordagem do Idealismo Cultural afetaram mais significativamente a literatura gerencial. A primeira foi utilizada considerando a cultura um produto de operações simbólicas, concentrando-se em manifestações coletivas (rituais, cerimônias etc.), que direcionariam o contexto cultural nas organizações. A segunda, por sua vez, enxerga a cultura como resultado de interações sociais, reunindo abordagens relacionadas com a evolução histórica dos valores, crenças, costumes etc., que tornam cada organização única. Aqui também se inserem abordagens como a da Antropologia simbólica, que destacam a cultura como um fenômeno multifacetado, construído com base em um conhecimento acumulado sobre a realidade de cada indivíduo.

Ainda na década de 1930, as influências funcionalistas de antropólogos pertencentes à equipe de Mayo (1960) fazem-se presentes em seus experimentos em Hawthorne,[2] mas, em vez de mencionar mitos, heróis ou ritos, o autor falava em "sistema social irracional" e "sistemas ideológicos simbólicos". No mesmo sentido, segundo Barley, Meyer e Gash (1988), no fim da década de 1960 e começo de 1970, existiam estudos que, apesar de não tratarem sobre cultura *per se*, eram pesquisas que já detinham alguma "orientação cultural". Nessa época, estudiosos defendiam que a compreensão de uma organização e de sua dinâmica interna dependia do entendimento das estruturas interpretativas, desenvolvidas do contexto organizacional e de suas práticas, principalmente as internamente ritualizadas.

A aproximação entre os estudos culturais e organizacionais, em uma abordagem mais relacionada com o Idealismo Cultural, é marcada pelas contribuições de Berger e Luckmann (1985). Para os autores, a origem dos significados no desempenho de papéis na organização está na cultura; é o conhecimento primário que define a institucionalização e os papéis a serem desempenhados no contexto institucional.

Berger e Luckmann (1985, p. 83) entendem que "qualquer instituição tem um corpo de receitas de conhecimento transmitido que provê as regras apropriadas de conduta" aos atores. Desse corpo, fazem parte valores, crenças, mitos, provérbios etc., constituindo um plano de representações simbólicas. Os autores também consideram que as instituições devem ser entendidas com base na consciência dos indivíduos que estão em contato com elas. Essa forma de ver a realidade parece influir nos estudos organizacionais, principalmente nas pesquisas que estudam cul-

---

[2] Nessa experiência, o autor pesquisou um departamento de montagem de relês de telefone na fábrica da Western Electric Company, no bairro de Hawthorne, na cidade de Chicago, nos Estados Unidos, entre 1927 e 1932 (MAYO, 1960), com conclusões às quais é atribuída a formação das bases da chamada "Escola das Relações Humanas".

tura como algo não controlável, não apenas criada por interesses de uma alta administração, mas construída no dia a dia pela interação de todos os atores organizacionais.

As várias ascendências apresentadas vão marcar o desenvolvimento dos estudos sobre cultura voltados para organizações, fazendo surgir diversas propostas de estudos, mas tendo como corrente predominante a abordagem "funcionalista".

O desenvolvimento dos estudos sobre cultura voltados para organizações

As influências da Antropologia nos estudos sobre cultura voltados para organizações ficaram evidentes com a publicação de um dos primeiros mapeamentos do desenvolvimento desses estudos, apresentado no Quadro 1.1, com base em Smircich (1983). Em seu trabalho, a autora identificou duas grandes perspectivas: a cultura como uma variável da organização, algo que ela tem; e a cultura como uma metáfora da organização, o que ela é.

Quadro 1.1 – Raízes dos estudos sobre cultura nas organizações

Perspectiva de estudos sobre cultura nas organizações		Raízes antropológicas	Raízes organizacionais	Representante
Cultura nas organizações como:		Cultura como:	Organizações como:	
variável da organização	variável independente (gerência comparada)	instrumento da necessidade humana	instrumentos sociais para realização de ações	Malinowski
	variável interna (cultura corporativa)	mecanismo adaptativo e regulatório	organismos adaptativos aos processos de mudança do ambiente	Radcliffe-Brown

continua...

continuação

Perspectiva de estudos sobre cultura nas organizações		Raízes antropológicas	Raízes organizacionais	Representante
Cultura nas organizações como:		Cultura como:	Organizações como:	
metáfora da organização	cognição organizacional	sistema cognitivo, gerado pela mente humana, por meio de preceitos definidos	sistemas de conhecimento, formadas por redes de significados subjetivos	Goodenoudh
	processo psicoestrutural	projeção de processos inconscientes	espaços de manifestações do inconsciente, na condição de formas e práticas organizacionais	Lévi-Strauss
	simbolismo organizacional	sistema de símbolos e significados, no qual a ação simbólica precisa ser interpretada, decifrada para ser compreendida	padrões de discursos simbólicos, mantidos por meio de agrupamentos simbólicos, tais como a linguagem	Geertz

Fonte: Adaptado de Smircich (1983).

A perspectiva da cultura como variável confere instrumentalidade à cultura, assumida pelos pesquisadores como algo a ser administrado, no sentido de viabilizar a normalização organizacional (MARTIN; SITKIN; BOEHM, 1985). Para Smircich (1983), essa instrumentalidade pode ser observada nas duas abordagens em que se divide a perspectiva mencionada, a saber: (a) gerência comparada: tenta estabelecer padrões culturais gerais ou homogêneos e trabalha com a cultura como uma variável externa à organização; e (b) cultura corporativa, também conhecida como cultura organizacional:[3] a cultura é tratada como variável interna dependente, resultado das representações e ações individuais.

---

[3] Pépin (1998) diferencia as correntes da cultura corporativa e da cultura organizacional. Para ele, os autores inseridos na primeira, como Deal e Kennedy (1982), propõem uma cultura única, a da empresa bem-sucedida, a ser disseminada para todas que buscam o sucesso. Por sua vez, os autores da segunda, como Schein (1985), defendem a adequação da cultura a cada organização, sendo única em seu interior, aproximando a cultura de uma metáfora da organização. Todavia, concordando-se com Sackmann (1991), essa aproximação relaciona-se a certa "confusão conceitual", pois nas duas correntes impera a ênfase funcionalista, de instrumentalizar e homogeneizar a cultura no interior da organização, o que justifica o uso comum dos termos como sinônimos.

Na perspectiva da gerência comparada, a cultura é tratada como uma variável independente, resultante da soma de diversas variáveis dependentes que podem ser racionalmente "equacionadas". Sua presença pode ser revelada pelos padrões de atitudes – medidas nas escalas – e ações dos membros organizacionais. Estudos, em nível macro, examinavam as relações entre as culturas nacionais e a estrutura organizacional, e, em nível micro, as semelhanças e diferenças entre as atitudes dos gestores das diferentes culturas. No entanto, Pépin (1998) levanta a questão de que esses estudos seriam essencialmente etnocêntricos e visavam, muitas vezes, mais demonstrar a superioridade dos Estados Unidos que buscar alternativas aos conflitos culturais.

Na atualidade, Hofstede (1980) e Trompenaars (1994), embora não apresentem tendências etnocêntricas em seus estudos, são dois expoentes da gerência comparada, na medida em que buscam definir conjuntos de valores adequados para os negócios internacionais (OLIVEIRA; DRUMMOND; RODRIGUES, 1999). Para os dois autores, esses estudos não definem a cultura de uma organização específica em um país, mas diagnosticam tendências centrais, diferentes entre os países e encontradas nas organizações neles localizadas.

A despeito de sua grande disseminação (RODRIGUES; CARRIERI, 2000), tais estudos receberam críticas de diversos autores, como Yeh e Lawrence (1995), tanto de cunho metodológico, excessivamente quantitativista, como no tocante ao fato de o determinismo explicar o crescimento econômico com base apenas nos aspectos culturais levantados, ignorando aspectos históricos e estruturais. Não se pode, no entanto, ignorar o fato de que esses estudos promoveram avanços ao não se prenderem às tendências etnocêntricas.

O afastamento do etnocentrismo da abordagem da gerência comparada pode ser explicado por mudanças ocorridas nas raízes antropológicas, destacadas por Dupuis (1996), antes mencionadas, e também pelo período em que o novo foco se consolidou, a partir do fim da década de 1970. Nessa época, o Ocidente ficava cada vez mais receoso com o desenvolvimento japonês em seus mercados, o que, possivelmente, afastava especulações etnocêntricas a respeito de uma superioridade que não estava se concretizando.[4] Nesse sentido, o foco das propostas se modificou para a cultura como variável dependente, inicialmente, com os japoneses tornando-se o alvo principal dos estudos (AKTOUF, 1994).

---

[4] Deve-se destacar que, desde o início da década de 1970, por conta do sucesso japonês, estudos voltados para a tecnologia e para os mecanismos econômicos e administrativos já se concentravam no Japão (PÉPIN, 1998).

Dessa maneira, surgiu outra abordagem também inserida no ponto de vista da cultura como variável: a perspectiva da cultura corporativa ou cultura organizacional. Nela a cultura é usualmente definida com base na metáfora da "cola", que mantém a organização unida. Ela expressa os valores, crenças e ideais compartilhados por todos os agentes organizacionais. A cultura é, aqui, estudada como uma variável que oferece a oportunidade de evidenciar, compreender e até controlar a criação de verdades, valores e crenças que ocorrem na organização, manifestadas pelo aparato simbólico constatado em mitos, rituais, histórias, lendas, cerimônias etc.

Expoentes dessa perspectiva, como Deal e Kennedy (1982), Schein (1985) e Ouchi (1986), delegam aos gestores a responsabilidade da construção de uma "cultura" no interior das organizações. Para os autores, isso seria possível pela disseminação de um sistema de regras formais e informais, atuando na clara definição das ações e dos comportamentos dos membros organizacionais, tratando a cultura como totalizante e homogênea.

De acordo com Van Maanen e Barley (1985), as pesquisas sobre cultura voltadas para organizações, com base na cultura organizacional, surgiram da busca por superar frustrações causadas pelo domínio da abordagem positivista nos estudos organizacionais. Tais estudos eram considerados pertencentes a um novo paradigma que se situava como uma "alternativa" ao paradigma funcionalista (BURREL; MORGAN, 1979).[5] Entretanto, suas proposições indicam que seu desenvolvimento tem se dado em uma abordagem funcionalista, normativa e instrumentalista (MARTIN, 1992), que ganhou, aos poucos, status de abordagem dominante. O paradigma alternativo não estaria, portanto, nessa perspectiva, mas em outra, que sai da visão de cultura como variável e a vê como metáfora.

A perspectiva da cultura como metáfora é fortemente influenciada pela abordagem antropológica do Idealismo Cultural, e se alinha mais com o paradigma interpretativo (BURREL; MORGAN, 1979).[6] As organizações são tratadas como expressão de formas e manifestações da consciência humana. Elas são analisadas e compreendidas quanto a aspectos simbóli-

---

[5] No paradigma funcionalista, a sociedade tem uma existência real e concreta e uma orientação sistêmica para produzir um estado de relação ordenado e regulado. Os supostos ontológicos garantiriam a objetividade na ciência social; o cientista mantém-se distante e neutro por meio de métodos e técnicas rigorosos. Também se apoia na possibilidade de generalização dos conhecimentos empíricos. Teorias incluídas nesse paradigma interessam-se pelo estudo de *status quo*, ordem social, integração e solidariedade (BURREL; MORGAN, 1979).

[6] No paradigma interpretativo, a realidade social não existe concretamente; é produto da experiência subjetiva e intersubjetiva. Para entendê-lo, deve-se captar a percepção dos participantes em ação, não o ponto de vista do observador. Preocupa-se com a ordem e a regulação no mundo social, assim como o funcionalismo, contudo, de um ponto de vista subjetivo. Defende a ciência social como uma rede de jogos de linguagem, com base em arranjos subjetivos de conceitos e regras que os participantes inventam e seguem (BURREL; MORGAN, 1979).

cos como o uso da linguagem e a configuração dos discursos organizacionais. Por meio deles, caberia ao pesquisador ler, interpretar e compreender a cultura, assim como a organização. O mundo social e organizacional não é visto como um dado concreto, mas como uma criação das interações humanas, das quais resultam as inúmeras significações simbólicas manifestadas na cultura (MACHADO-DA-SILVA; NOGUEIRA, 2000). A linguagem, a identidade, os mitos, os ritos, as histórias etc. deixam de ser somente artefatos culturais e passam a existir como processos que produzem e formam significações que dão sentido à existência da organização (SMIRCICH, 1983).

Essa perspectiva, da cultura como metáfora, compreende três abordagens: a cognitiva, a psicoestruturalista e a simbólica. Na cognitiva, a cultura é vista como um sistema de conhecimentos e crenças compartilhados na organização. Nessa perspectiva, as organizações são estudadas como redes de significados subjetivos diferentemente compartilhados por seus membros. Ao pesquisador cabe decifrar essa rede e seus significados e, assim, deixar emergir a cultura.

Na abordagem psicoestruturalista, a cultura é estudada como expressão manifesta do inconsciente humano, a revelação das grandes dimensões – estruturas – da mente humana. Aqui a influência da Psicologia parece ser maior que a da Antropologia.

Por fim, na abordagem simbólica, as organizações são consideradas padrões de discursos simbólicos que precisam ser interpretados e decifrados para serem compreendidos. Para Machado-da-Silva e Nogueira (2000, p. 3), essa interpretação "refere-se a símbolos e significados compartilhados, que resultam das interações sociais, em face da necessidade de interpretar a realidade e de estabelecer critérios orientadores para a ação".

Todas essas diferentes abordagens, segundo Smircich (1983), configuravam os estudos sobre cultura voltados a organizações, revelando que a diversidade de abordagens já se consolidava no início da década de 1980. Quase dez anos depois, Alvesson e Berg (1992), em outro mapeamento, apresentaram 12 perspectivas de estudos sobre cultura na Teoria Organizacional. Essas foram agrupadas no que esses autores denominam convenções, isto é, uma designação coletiva para um grupo de perspectivas referentes ao elemento principal que cada perspectiva aborda, como pode ser observado no Quadro 1.2.

Quadro 1.2 – Tipologia de Alvesson e Berg

Convenções	Perspectivas	Representantes
Cultura	Cultura corporativa	Kilmann; Davis; Deal
	Cultura como sistema de valores e crenças	Schein; Dyer; Patterson
	Cognitivismo cultural	Brown; Ouchi
	Cultura como sistema de símbolos	Guagliardi; Louis; Pettigrew
Construção de significados	Significados compartilhados	Smircich, Morgan; Frost
	Construção e desconstrução de significados	Martin; Meyerson; Gray, Czarniawska-Joerges
Ideologia	Ideologia corporativa	Beyer; Harrison; Meyer
	Ideologia política	Deetz; Wilmott; Mumby
Psicodinâmica	Fantasias compartilhadas	Kets de Vries; Miller; Bion
	Cultura como arquétipos	Bird
Simbolismo	Particularismo simbólico	Feldman; March
	Universalismo simbólico	Berg; Cassirer; Langer

Fonte: Adaptado de Alvesson e Berg (1992).

As perspectivas observadas no Quadro 1.2 abordam aspectos como normas, atitudes, valores, emoções, cognição, significados, suposições, fantasias e símbolos. Alguns elementos são mais profunda e fortemente estudados, enquanto outros são deixados de lado. Por exemplo, a perspectiva da cultura corporativa, segundo esses autores, tenta evidenciar uma cultura única na organização. Para isso, lança mão de uma compreensão superficial de todos esses aspectos, o que não acontece com a perspectiva da construção e desconstrução dos significados, de acordo com a qual a cultura é a expressão de uma construção coletiva. Nesse último panorama, aspectos cognitivos e emocionais são sempre evidenciados; frequentemente também são abordados os elementos simbólicos, e pouca atenção é dada aos aspectos considerados superficiais, como as normas e atitudes.

Os estudos de Smircich (1983) e de Alvesson e Berg (1992) expõem a "confusão" reinante no campo dos estudos culturais voltados a organizações. Essa "confusão" pode ser atribuída às multifacetadas influências oriundas de diversos campos do conhecimento, como a Antropologia, a Sociologia e a Psicologia, aliadas aos interesses econômicos e organizacionais envolvidos, bem como aos interesses dos próprios estudiosos, seus posicionamentos paradigmáticos e contextos de atuação. De maneira imbricada, esses e outros aspectos levam a um mosaico de abordagens; algumas muito próximas e outras distintas, ou ainda opostas. Tal proliferação, além de ser criticada por vários autores, como Aktouf (1994), também impulsionou estudiosos a buscar elos comuns que permitissem tratar o tema e viabilizar sua compreensão.

Neste estudo, a evidência da grande variedade de abordagens levou ao questionamento das contribuições do destrinchamento de cada perspectiva identificada, nos muitos esforços de mapeamento. O excessivo volume de aspectos relacionados com as abordagens obscurece os que são essenciais, mais esclarecedores da trajetória, dos focos e das contribuições dos estudos. Portanto, optou-se por deixar de lado uma grande variedade de abordagens, sem ignorar sua existência, em prol do aprofundamento em alguns aspectos específicos. O foco da presente discussão vai, então, para a análise de propostas com base em aspectos considerados essenciais por muitos autores, com destaque para duas, caracterizadas pela simplicidade e pelo potencial explicativo.

A primeira proposta distingue algumas dimensões básicas que, de acordo com os posicionamentos dos pesquisadores, indicam diferentes visões sobre a cultura no interior das organizações, configurando três perspectivas (MEYERSON; MARTIN, 1987; FROST et al.,1991; MARTIN, 1992): a da integração; a da diferenciação; e a da fragmentação. A segunda proposta também se volta para a maneira de ver a cultura no interior da organização: como única, a cultura organizacional; ou como algo pulverizado, as culturas nas organizações (ALVESSON, 1993; FROST et al., 1991). As duas propostas oferecem caminhos de análise que se cruzam, permitindo maior compreensão da configuração dos estudos sobre o tema, como será discutido a seguir.

A integração, a diferenciação e a fragmentação no embate entre a cultura organizacional e a cultura nas organizações

Ao publicar *Cultures in organizations: three perspectives*, Martin (1992) abre uma nova visão nas pesquisas sobre cultura voltadas para organizações (DENISON, 1996). A obra é resultado de estudos nos quais já se delineavam as perspectivas da integração e da diferenciação, como os de Martin, Sitkin e Boehm (1985), além de outros, como os de Meyerson e Martin (1987), que evidenciavam as três perspectivas: integração, diferenciação e fragmentação. De maneira geral, Martin (1992) divide as formas de estudar cultura nessas três perspectivas, mediante as quais a autora tenta estabelecer "tipos ideais" (FISCHER; FRANÇA; SANTANA, 1993, p. 22), definidos de acordo com as opções teórico-metodológicas adotadas por cada pesquisador.

Meyerson e Martin (1987), Frost et al. (1991) e Martin (1992, 2002), entre outros, mostram que essas opções se dariam dentro de três dimensões, a saber: (a) relação entre as manifestações culturais: foco na consistência organizacional, consistência grupal ou inconsistência; (b) grau de consenso (homogeneidade) organizacional: foco no consenso organizacional, consenso grupal ou dissenso; e (c) orientação em relação à ambiguidade:[7] foco na transparência organizacional, transparência grupal ou ambiguidade.

Para os autores, de acordo com os posicionamentos dentro dessas dimensões, os estudos sobre cultura voltados para organizações se enquadram nas seguintes perspectivas:

1. Perspectiva da integração: os estudos aqui inseridos reconhecem apenas a consistência das manifestações culturais (valores, interpretações, entre outros) e tratam a organização como voltada ao consenso (homogeneidade) e à transparência. A ambiguidade é apenas um problema a ser resolvido para se alcançar a integração de todos.

2. Perspectiva da diferenciação: os estudos aqui inseridos reconhecem que, apenas dentro de determinados grupos, há consistência nas manifestações culturais, delimitando, também, o consenso (homogeneidade) e a transparência em seu interior. As subculturas se originam nas variáveis ambientais, ao atuarem por meio de mecanismos demográficos, sociais, de gênero, profissionais, entre outros. Entre grupos e subculturas, existem diferenças e contradições que remetem às ambiguidades.

3. Perspectiva da fragmentação: os estudos aqui inseridos se voltam às inconsistências entre as manifestações culturais, o disse senso e a ambiguidade na organização. Isso porque ela está inserida em um mundo de diversidade cultural, permeado por relações de interesses e consensos transitórios.

---

[7] De acordo com Martin (2002), é difícil conceituar claramente ambiguidade, mas ela envolve: a ignorância ou a confusão; as complexidades omitidas pelas oposições evidentes na reflexão dicotômica; e as tensões inreconhecíveis entre opositores, às vezes descritas como contradições, ironia ou paradoxos.

Os autores destacam, ainda, a possibilidade de os estudos se inserirem nas três perspectivas simultaneamente, o que constitui uma quarta alternativa: a abordagem das três perspectivas. Ela compreende estudos que utilizam as três perspectivas anteriores de maneira conjunta e complementar, cada uma delas possibilitando a explicação da composição de diferentes aspectos do contexto cultural de uma organização.

Em conjunto, aquelas dimensões centrais marcam a configuração dessas perspectivas, com base em possíveis posicionamentos e nas combinações desses, resultando em um esquema teórico que elucida o campo e permite explorar, ainda, algumas peculiaridades quanto às diferentes maneiras de os pesquisadores enxergarem as organizações. Das combinações, a integração remete a estudos de cultura organizacional (homogênea); já a diferenciação, a fragmentação ou as três perspectivas remetem a estudos sobre as culturas na organização (heterogêneas).

Para Alvesson (1993), Frost et al. (1991) e Martin (1992), entre outros, as diferenças entre o que foi chamado *cultura organizacional* e *culturas na organização* permeiam distintas reflexões, formas diversas de ver o mundo social. Elas demarcam fronteiras um tanto flexíveis entre os estudos sobre cultura voltados para organizações. Tais fronteiras se evidenciam nestas três dimensões anteriormente discutidas: (a) relação entre as manifestações culturais; (b) grau de consenso organizacional; e (c) orientação em relação à ambiguidade. Além disso, manifestam-se em, basicamente, quatro dimensões destacadas por Alvesson (1993), que se relacionam com as três anteriores, a saber: (a) grau em que a organização é considerada única produtora de padrões culturais; (b) grau em que a organização é tida como coerentemente homogênea; (c) grau em que se considera a organização independente de fatores culturais externos (cultura da sociedade, cultura profissional e de classe); e (d) níveis assumidos como apropriados para o estudo do fenômeno cultural (indivíduo, grupo, organização, sociedade).

Nas pesquisas sobre cultura organizacional, essas dimensões configuram estudos que supõem a organização como produtora de sua cultura. Ambas, organização e cultura, seriam homogêneas e construídas dos processos de gestão, capitaneados por determinados membros organizacionais, concentrando-se no nível microssocial da organização.

Em paralelo, nas investigações sobre culturas na organização, as dimensões configuram estudos que tratam a organização como produto de um ambiente macrossocial, composto por sociedade, classes, setor industrial etc., no qual o ambiente microssocial está inserido. A organização não seria capaz de criar culturas sozinha, seria apenas coprodutora, assim como seus membros. Os ambientes macrossocial e microssocial (da organização) também se fazem presentes por meio desses indivíduos, em seus diferentes processos de socialização, tendo, consequentemente, percepções distintas do cotidiano que os cerca (SACKMANN, 1991).

Em detrimento desses posicionamentos característicos da abordagem das culturas na organização, no fim do século 20, a linha da cultura organizacional predominava (PÉPIN, 1998), com novas publicações reiterando sua utilidade nos tempos atuais, como as problemáticas levantadas por Deal e Kennedy (1999) em relação à "reengenharia". Entretanto, também surgem estudos na linha da cultura nas organizações, como o de Carrieri e Rodrigues (2001), sobre mudanças nas significações culturais em processos de privatização. Sinaliza-se, portanto, a continuidade das duas perspectivas em nível internacional e nacional. Neste último, entretanto, a despeito das especificidades regionais brasileiras (DAMATTA, 1998) e de seus impactos no contexto organizacional, as contribuições de estudiosos brasileiros, salvo exceções, foram deixadas de lado. Assim, predominaram influências estrangeiras, e criou-se um cenário que enfraquece o campo no Brasil (FISCHER; MAC-ALLISTER, 2001).

O cenário brasileiro dos estudos sobre cultura voltados a organizações

No Brasil, os estudos sobre cultura voltados a organizações ganharam notoriedade no fim dos anos 1980 e começo dos anos 1990. De acordo com Rodrigues e Carrieri (2000), de 1990 até 1999, o segundo mais frequente tema nos anais do Encontro Nacional de Programas de Pós-Graduação em Administração (Enanpad) foi o da cultura organizacional. Os estudos brasileiros assimilaram as propostas de autores estrangeiros, como destacaram Fischer e Mac-Allister (2001) e Rodrigues e Carrieri (2000). Isso pôde ser observado pelo fato de esses estudos seguirem como referência os clássicos da cultura organizacional, como Deal e Kennedy (1982), Peters e Waterman (1986) e Schein (1985). Este último, na opinião de Fischer e Mac-Allister (2001), presente em boa parte das publicações nacionais.

Para Rodrigues e Carrieri (2000), outro autor bastante citado foi Hofstede (1980), com influência crescente no decorrer dos anos 1990. Apesar de os estudos do autor serem rejeitados por muitos, os pesquisadores interessados em cultura nacional os aceitaram (DENISON, 1996). Motta (1997) é um dos estudiosos que se basearam nessas contribuições, buscando legitimar sua argumentação em contribuições de autores brasileiros, como DaMatta (1983).

Tal iniciativa representa um processo de inclusão, envolvendo a discussão levantada por Rodrigues e Carrieri (2000), sobre a necessidade da inserção de novas perspectivas locais que permitam a construção de um conhecimento consolidado. Para esses autores, quando há inclusão de esforços de estudiosos brasileiros, ela é fragmentada, sem continuidade e aprofundamento teórico, impedindo a consolidação das ideias.

A mencionada inclusão envolve a investigação de elementos singulares, nos diversos contextos e formas de administrar, bem como os significados e interpretações das tecnologias gerenciais envolvidas (BARBOSA, 2001). O processo, no entanto, é dificultado por causa de certo "determinismo hegemônico". Um exemplo, oferecido por Barbosa (2001), é a América do Norte, da qual é de se esperar que os conceitos reflitam valores e problemáticas de sua sociedade, pois dela se origina boa parte da produção sobre o tema da cultura organizacional. De acordo com a autora, a alternativa é aplicar algo básico na análise antropológica, a "relativização" de conceitos; devem-se considerar as diferenças entre os significados e conteúdos de um grupo social para outro.

Sem a "relativização" as propostas oriundas desses conceitos permanecerão descoladas do cotidiano social e organizacional, sendo remetidas à fragmentação e descontinuidade. Isso acaba por promover modismos, constituindo obstáculos para a consolidação de "comunidades do discurso", ou como explicam Fischer e Mac-Allister (2001, p. 254), de conjuntos "de atores sociais que se formam de grupos de interesses que constroem padrões de convivência, perseguem agendas específicas e mantêm uma dinâmica de produção e difusão do conhecimento entre os pares; que servem de referência".

A ausência de "comunidades do discurso" promove as influências temporárias, os estudos superficiais e a exclusão de perspectivas locais. O campo passa a ser marcado por iniciativas isoladas. Nesse sentido, as autoras destacam a existência de poucas publicações nacionais que tentaram relacionar a cultura brasileira com a cultura organizacional brasileira, mencionando como iniciativas as obras organizadas por Fleury e Fischer (1992) e Motta e Caldas (1997).

Por causa de seu isolamento, os pesquisadores interessados em estudar cultura no contexto organizacional brasileiro são trazidos para o debate por Fischer e Mac-Allister (2001). As autoras questionam a falta de aproximação de boa parte dos estudos com a cultura brasileira. O presente estudo se volta à mesma preocupação, reforçando a importância do objetivo aqui proposto. Ao buscá-lo, entende-se que as questões discutidas apresentaram aspectos essenciais sobre o tema, oferecendo argumentos a serem debatidos. Portanto, o objetivo foi considerado alcançado. Talvez com base nesta e em outras iniciativas surjam provocações, dissensos e consensos que façam emergir "comunidades do discurso" interessadas nos estudos sobre cultura voltados a organizações brasileiras, reconhecendo suas peculiaridades locais, regionais e nacionais.

Considerações finais

Os estudos sobre cultura organizacional se enquadram nas preocupações de Denison (1996), a respeito do uso de métodos quantitativos para mensurar variáveis comparativas entre culturas. Para esse autor, o procedimento indicaria retrocesso epistemológico, pois volta ao modelo positivista/funcionalista, muito criticado nos anos 1980. As pesquisas sobre cultura estariam, nesse caso, abandonando o estudo da realidade social e organizacional e voltando-se às pesquisas de clima organizacional.

O autor explica que a cultura requer métodos qualitativos, na medida em que se refere a identidade, valores, crenças etc., historicamente construídos na interação entre indivíduos, grupos, tanto na organização como na sociedade. Por sua vez, para os estudos de clima, usam-se questionários e registros impressos pelo computador, pois se refere a algo temporário, que pode ser controlado e é limitado por aspectos ambientais. Ainda segundo Denison (1996), outra característica dos estudos que se aproximam dos de clima é a complacência com a ideologia gerencial, legitimando contextos organizacionais criados e manipulados pela gerência.

Há um interesse aparente em dar suporte à gerência da mudança organizacional, por meio do controle da cultura. Conceitos difundidos de autores, como Deal e Kennedy (1982), Schein (1985), Ouchi (1986), Peters e Waterman (1986), posicionaram o interior da organização como base e limite das investigações relacionadas com cultura e organizações. De acordo com esses autores, os estudos que buscassem intervir nos compartilhamentos dos atores organizacionais deveriam se concentrar nessa dimensão microssocial, ignorando os contextos históricos, econômicos e sociais das sociedades nas quais a organização está inserida.

Ao criticarem as propostas desses autores, Aktouf (1994) e Pépin (1998) expõem suas limitações no tocante a seu caráter estático, gerencialista e manipulador. Os autores as caracterizam, ainda, como superficiais, em decorrência dos cortes estreitos no tempo e no espaço, que as afastam da compreensão da dinâmica organizacional e dos fatores histórico-sociais que a podem explicar. Então, para explicar e promover a mudança organizacional, são utilizados apenas fatores internos e relativamente recentes, atribuindo-se aos líderes organizacionais (fundadores, gerentes etc.) o impulso para a mudança (ou estabilidade), no sentido da coesão e integração organizacional.

Ao compartilharem dessas preocupações, estudiosos como Meyerson e Martin (1987) e Carrieri e Rodrigues (2001) desenvolveram pesquisas na linha da cultura nas organizações. Nesse sentido, exploraram simultaneamente as três perspectivas denominadas Integração, Diferenciação e Fragmentação, partindo do princípio de que não existe uma só cultura, mas várias. Essa abordagem possibilita estudar as culturas como resultado da interação entre os atores organizacionais e sob uma perspectiva histórica de construção das culturas pelas pessoas e pelos grupos que compõem a organização. Busca-se, então, tornar a cultura novamente um objeto dinâmico para os estudos organizacionais.

Pelo exposto, fica claro que, dentro da evidente diversidade de abordagens, existem duas grandes tendências que marcam os estudos sobre cultura voltados para organizações. A discussão aqui desenvolvida buscou inicialmente evidenciar as dimensões que compõem cada uma delas, para finalmente explorar a configuração dessas dimensões, no sentido de expor a essência dos estudos sobre cultura voltados para organizações. Tal essência pode ser sintetizada como o embate entre duas grandes tendências: os estudos sobre cultura organizacional e os estudos sobre culturas na organização. Ou seja, a busca pelo controle *versus* a busca pela compreensão do contexto cultural nas organizações.

Deve-se destacar que um mesmo estudo pode apresentar posicionamentos e referências das duas tendências, denotando certa falta de rigor teórico-metodológico (CARRIERI; LUZ, 1998). Sem pretender esgotar as possibilidades, isso pode ser atribuído à tentativa de romper as limitações impostas pelas fronteiras marcadas pelas dimensões apresentadas e/ou à busca por legitimar determinadas proposições sob mais de uma abordagem. De qualquer maneira, uma delas tende sempre a prevalecer, mas não cabe aqui aprofundar tal discussão, ela foi citada apenas para ilustrar contribuições deste estudo.

Ao alcançar o objetivo proposto e colaborar para o maior entendimento de como se configura a essência dos estudos sobre cultura voltados a organizações, foram oferecidos elementos ao debate dos interessados no tema. De tais discussões talvez surjam "comunidades do discurso" que reconheçam e aproveitem as potencialidades do campo, evidenciadas, por exemplo, nas possibilidades de a abordagem cultural permitir lidar com as especificidades brasileiras, os vários "Brasis" (DAMATTA, 1998), e de seus rebatimentos no contexto organizacional.

Referências

AKTOUF, O. O simbolismo e a cultura de empresa: dos abusos conceituais às lições empíricas. In: CHANLAT, J. F. (org.). *O indivíduo nas organizações*: dimensões esquecidas. v. 2. São Paulo: Atlas, 1994. p. 39-79.

ALVESSON, M. *Cultural perspectives on organizations*. Cambridge: Cambridge University Press, 1993.

ALVESSON, M.; BERG, P. O. *Corporate culture and organizational symbolism*: an overview. Nova York: Walter de Gruyter, 1992.

BARBOSA, L. *Igualdade e meritocracia*: a ética do desempenho nas sociedades modernas. 3. ed. Rio de Janeiro: FGV, 2001.

BARLEY, S. R.; MEYER, G. W.; GASH, D. *Cultures of culture*: academics, practitioners and the pragmatics of normative control. Adminise trative Science Quarterly, Ithaca, v. 33, n. 1, p. 24-60, 1988.

BERGER, P. L.; LUCKMANN, T. *A construção social da realidade*: tratado de sociologia do conhecimento. Petrópolis: Vozes, 1985.

BURREL, G.; MORGAN, G. *Sociological paradigms and organizational analysis*. Londres: Heinemann Educational Books, 1979.

CARRIERI, A. de P.; LUZ, T. R. da. Paradigmas e metodologias: não existe pecado do lado de baixo do Equador. In: ENCONTRO NACIONAL DOS PROGRAMAS DE PÓS-GRADUAÇÃO EM ADMINISTRAÇÃO, 22, 1998, Foz do Iguaçu. Anais... Rio de Janeiro: ANPAD, 1998. 1 CD-ROM.

CARRIERI, A. de P.; RODRIGUES, S. B. As transformações nas significações culturais em uma empresa de telecomunicações: de empresa pública a filial privada. In: ENCONTRO NACIONAL DOS PROGRAMAS DE PÓS-GRADUAÇÃO EM ADMINISTRAÇÃO, 25, 2001, Campinas. Anais... Rio de Janeiro: ANPAD, 2001. 1 CD-ROM.

CHANLAT, J. F. *Ciências sociais e management*: reconciliando o econômico com o social. São Paulo: Atlas, 1999.

DAMATTA, R. *Carnavais, malandros e heróis*. 4. ed., Rio de Janeiro: Zahar, 1983.

_____. *O que faz o brasil, Brasil?* Rio de Janeiro: Rocco, 1998.

DEAL, T. E.; KENNEDY, A. A. *Corporate cultures:* the rites and rituals of corporate life. Reading, Massachusetts: Addison-Wesley, 1982.

_____; _____. The new corporate cultures: revitalizing the workplace after downsizing, mergers, and reengineering. Reading, Massachusetts: Perseus Books, 1999.

DENISON, D. R. What is the difference between organizational culture and organizational climate? A native's point of view on a decade of paradigm wars. *The Academy of Management Review*, Amherst, v. 21, n. 3, p. 619-54, 1996.

DUPUIS, J. Antropologia, cultura e organização: proposta de um modelo construtivista. In: CHANLAT, J. F. (org.). *O indivíduo nas organizações*: dimensões esquecidas. v. 3. São Paulo: Atlas, 1996. p. 231-51.

FISCHER, T.; FRANÇA, G.; SANTANA, M. *Em nome de Deus, uma ordem na Pólis*: o Mosteiro de São Bento. Organizações e Sociedade, Salvador, v. 1, n. 1, p. 7-26, 1993.

FISCHER, T.; MAC-ALLISTER, M. Nota técnica: jogando com a cultura organizacional. In: CALDAS, M.; FACHIN, R.; FISCHER, T. (orgs.). *Handbook de estudos organizacionais*: modelos de análise e novas questões em estudos organizacionais. São Paulo: Atlas, 2001. v. 2, p. 252-59.

FLEURY, M. T. L.; FISCHER, R. M. *Cultura e poder nas organizações.* São Paulo: Atlas, 1992.

FREITAS, M. E. de. *Cultura organizacional*: identidade, sedução e carisma. Rio de Janeiro: FGV, 1999.

FROST, P. J. et al. (eds.). *Reframing organizational culture.* Londres: Sage, 1991.

GEERTZ, C. *A interpretação das culturas.* Rio de Janeiro: LTC, 1989.

HOFSTEDE, G. *Culture's consequences*: international differences in work-related values. Thousand Oaks: Sage, 1980.

JAQUES, E. *The changing culture of a factory.* Londres: Tavistock, 1951.

MACHADO-DA-SILVA, C.; NOGUEIRA, E. E. S. Instituições, cultura e identidade organizacional. In: ENCONTRO DE ESTUDOS ORGANIZACIONAIS, 1, 2000, Curitiba. Anais... Rio de Janeiro: ANPAD, 2000. 1 CD-ROM.

MARTIN, J. *Cultures in organizations*: three perspectives. Oxford: Oxford University Press, 1992.

MARTIN, J. *Organizational culture*: mapping the terrain. Thousand Oaks, CA: Sage Publications, 2002.

MARTIN, J.; SITKIN, S. B.; BOEHM, M. Founders and the elusiveness of a cultural legacy. In: FROST, P. J. et al. (eds.). *Organizational culture.* Londres: Sage, 1985. p. 99-124.

MAYO, E. *The human problems of an industrial civilization.* Nova York: The Viking, 1960.

MEYERSON, D. E.; MARTIN, J. Cultural change: an integration of three different views. *Journal of management studies,* Oxford, v. 24, n. 6, p. 223-45, 1987.

MOTTA, F. C. P. Cultura e organizações no Brasil. In: MOTTA, F. C. P.; CALDAS, M. P. (orgs.). *Cultura organizacional e cultura brasileira.* São Paulo: Atlas, 1997. p. 25-37.

MOTTA, F. C. P.; CALDAS, M. P. *Cultura organizacional e cultura brasileira.* São Paulo: Atlas, 1997.

OLIVEIRA, V. I.; DRUMMOND, A.; RODRIGUES, S. B. Joint venture: aprendizagem tecnológica e gerencial. In: RODRIGUES, S. B. (org.). *Competitividade, alianças estratégicas e gerência internacional.* São Paulo: Atlas, 1999.

OUCHI, W. *Teoria z*: como as empresas podem enfrentar o desafio japonês. 10. ed. São Paulo: Nobel, 1986.

PÉPIN, N. *Cultura de empresa*: nascimento, alcance e limites de um conceito. Mosaico: Revista de Ciências Sociais, Vitória, v. 1, n. 1, p. 267-93, 1998.

PETERS, T. J.; WATERMAN Jr.; R. H. *Vencendo a crise*: como o bom senso empresarial pode superá-la. 12. ed. São Paulo: Harbra, 1986.

RODRIGUES, S. B.; CARRIERI, A. P. A tradição anglo-saxônica nos estudos organizacionais brasileiros. In: RODRIGUES, S. B.; CUNHA, M. P. (orgs.). *Estudos organizacionais*: novas perspectivas para a administração de empresas. São Paulo: Iglu Edições, 2000.

SACKMANN, S. A. *Cultural knowledge in organizations*: exploring the collective mind. Londres: Sage, 1991.

SCHEIN, E. H. *Organizational culture and leadership.* São Francisco: Jossey-Bass Publishers, 1985.

SMIRCICH, C. Concepts of culture and organizational analysis. *Administrative Science Quarterly*, Ithaca, v. 28, n. 3, p. 339-58, 1983.

THOMPSON, J. B. *Ideologia e cultura moderna*: teoria social crítica na era dos meios de comunicação de massa. 5. ed. Petrópolis: Vozes, 2000.

TROMPENAARS, F. *Riding the waves of culture.* Londres: Nicholas Brealey Publishing, 1994.

TYLOR, E. B. *The origins of culture*: part I of Primitive culture. Nova York: Harper Torchbooks, 1958.

VAN MAANEN, J.; BARLEY, S. R. Cultural organization: fragments of a theory. In: FROST, P. J. et al. (eds.). *Organizational culture.* Londres: Sage, 1985. p. 31-54.

YEH, R.; LAWRENCE, J. J. Individualism and Confucian dynamism: a note on Hofstede's cultural root to economic growth. *International Business Studies*, Washington, v. 9, n. 3, p. 655-69, 1995.

O ENTENDIMENTO DAS ORGANIZAÇÕES COMO CULTURAS: UMA ALTERNATIVA TEÓRICO-METODOLÓGICA

Alexandre de Pádua Carrieri
Alfredo Rodrigues Leite da Silva

O objetivo deste capítulo é discutir a compreensão das organizações como culturas, ao adotar nas pesquisas a abordagem conjunta das perspectivas da integração, diferenciação e fragmentação cultural (MEYERSON; MARTIN, 1987) e ao tratar os dados por meio da Análise do Discurso (AD) (FIORIN, 1988), refletindo sobre a adequação desse caminho para falar em culturas na organização, no plural. Tal entendimento legitima-se no argumento de que as pessoas são historicamente constituídas (AKTOUF, 1993), ou seja, o tempo e o espaço nos quais as pessoas interagem umas com as outras interferem na composição de sua realidade. Esse argumento é convergente com as ideias de Berger e Luckmann (1985) sobre a construção social da realidade. Para os autores, as pessoas partem de uma socialização primária para uma contínua socialização secundária.

Com base nessas contribuições, assume-se aqui que, ao longo de um processo contínuo, as pessoas carregam consigo elementos das culturas dos contextos de suas interações sociais. Por isso, a construção social da sua realidade é permeada por culturas, no plural, e não por uma cultura, no singular, o que deve ser considerado nas análises sobre cultura em organizações.

À medida que as pessoas se inserem no contexto organizacional, elas trazem consigo o mencionado processo de construção social da realidade e todas as suas bagagens culturais, oriundas de suas construções anteriores. Surge, assim, o mosaico cultural que dá vida à organização e que é a metáfora da própria organização. Sem esse mosaico, ela se resumiria a um amontoado de tecnologias inertes. Ao buscar compreender esse mosaico, os estudos organizacionais foram marcados por diferentes abordagens sobre cultura em organizações, possíveis de serem agrupadas em três perspectivas básicas (MARTIN, 1992): integração, diferenciação, e fragmentação.

Em separado, essas três abordagens oferecem diferentes visões sobre a questão da cultura, mas autores como Meyerson e Martin (1987), Cavedon e Fachin (2000) propõem que se pode adotar o uso conjunto das três perspectivas como um corte epistemológico que amplia a compreensão sobre a configuração da cultura nas organizações. Ao se concordar com esses estudiosos, o uso conjunto das três perspectivas é defendido neste capítulo como um caminho para compreender as organizações como culturas (no plural) em um corte no qual se consideram as culturas como a metáfora multifacetada da organização.

Resta, entretanto, o desafio de buscar um caminho metodológico que dê conta de tratar os dados dentro de um maior nível de complexidade oferecido pelo corte teórico em questão. Para isso, discute-se a adequação do uso da AD dentro do entendimento defendido por Fiorin (2003, p. 11), para quem "o discurso são as combinações de elementos linguísticos (frases ou conjuntos constituídos de muitas frases) usadas pelos falantes com o propósito de exprimir seus pensamentos, de falar do mundo exterior ou de seu mundo interior, de agir sobre o mundo". Ao se estudar, portanto, as estratégias de persuasão discursivas que compõem esses discursos, defende-se que seria possível revelar esse agir e as construções das significações a ele associadas, ou seja, o mosaico cultural das organizações.

Em síntese, com base em toda essa discussão, pretende-se tratar a seguinte problematização: *como tratar as organizações como culturas, no plural?* Ao tratar essa questão, a presente discussão articula contribuições teóricas que permitem evidenciar o processo no qual as pessoas se inserem e produzem culturas, para, em seguida, abordar as maneiras de lidar com esse processo nas organizações por meio da abordagem das três perspectivas e tendo a AD como procedimento metodológico alinhado com a complexidade e especificidade da temática da cultura nas organizações.

Para desenvolver essa discussão, além da introdução, este capítulo está dividido em quatro tópicos que tratam das seguintes questões: a construção social e as culturas das pessoas; o mosaico cultural que dá vida à organização; a Análise do Discurso (AD) como alternativa metodológica na abordagem da cultura como metáfora; e considerações finais. Dessa maneira, busca-se articular e evidenciar contribuições para os interessados em reconhecer e lidar com as diversas faces culturais existentes em uma mesma organização.

A construção social e as culturas das pessoas

Para Berger e Luckmann (1985), na construção social da realidade não se tem uma realidade objetiva, mas várias realidades possíveis das articulações entre as pessoas, desde sua socialização primária inicial até sua contínua socialização secundária. Para os autores, dentro desse processo, a cultura origina os significados dos papéis das pessoas na sociedade por meio do conhecimento primário que os institucionaliza. Nesse conhecimento, há um conjunto de elementos (crenças, valores, mitos, entre outros) que compõem as representações simbólicas de um grupo social.

Tal entendimento é convergente com a definição de cultura de Geertz (1989, p. 24), para quem a cultura deve ser tratada como "[...] sistemas entrelaçados de signos interpretáveis". Para esse autor, a cultura não é um poder que controla acontecimentos sociais, comportamentos e instituições, mas contextos nos quais os sujeitos envolvidos atuam nesses processos. Portanto, com base nas culturas, ou seja, nos contextos de interpretação, é possível descrever e compreender os fenômenos sociais, inclusive nas organizações (D'IRIBARNE, 1989).

Dessa maneira, de acordo com Marcus e Fischer (1986), a antropologia interpretativa deslocou o foco dos estudos antropológicos do comportamento e da estrutura social para os simbolismos, significados e mentalidades.

Ao se adotar aqui esse entendimento, considera-se que os atos sociais dos indivíduos permitem a identificação e a construção de cultura por meio de signos, mitos, valores, normas etc. (AKTOUF, 1993). Como destaca Rodrigues (1997), caminham juntos a identidade, o poder e a cultura. A autora explica que o processo ocorre à medida que a pessoa busca a identidade e interage com diversos grupos e o ambiente, modificando sua própria cultura, uma vez que constrói e altera seus conhecimentos e maneiras de pensar.

Para Rodrigues, a identidade é algo sempre incompleto, que interage com as novas experiências de cada um, tanto na busca pela integração social quanto pela distinção social (RODRIGUES, 1997). Assim, os elementos culturais (signos, mitos, valores, normas...) são articulados, podendo ser reforçados, enfraquecidos (até desaparecer, inclusive) ou reconstruídos.

Nesse processo, surge a cultura dominante que, segundo Bourdieu (1989), "seduz" o indivíduo e o leva a introjetar elementos dessa cultura, reforçando-a, mesmo não sendo a cultura do indivíduo, o que, supostamente, passaria o processo de construção da identidade para segundo plano, pois bastaria substituir a anterior por aquela que viria pronta, da cultura dominante. Entretanto, Certeau (1994) destaca os limites dessa "sedução", havendo oposição à cultura dominante por meio de processos nos quais os mais fracos também subvertem a ordem dominante estabelecida pelos mais fortes. Em outras palavras, não há aqui um movimento de mão única, e sim uma inter-relação que inclui a cultura dominante, mas não se restringe a ela.

Como revela Certeau (1994), se, por um lado, há necessidade de alguns elementos culturais comuns para a vida em sociedade, por outro, o indivíduo não será simplesmente subjugado por esses elementos. Isso ocorre em virtude do que o autor chama de *bricolagem*, na qual parte dos elementos da cultura dominante é utilizada para legitimar aspectos que também a subvertem à medida que os sujeitos se relacionam com diversos grupos sociais no cotidiano. O cotidiano ganha aqui o status de lócus, no qual se manifestam as bricolagens. Tanto Certeau (1994) quanto Bourdieu (1989) indicam que é nele que surgem os conflitos simbólicos. O primeiro autor destaca ainda que, no discurso articulado no cotidiano, fica evidente a bricolagem por meio de traduções de temáticas de um mundo para outro mundo.

Um exemplo são os jovens brasileiros das classes privilegiadas que compram calças jeans novas em lojas especializadas em envelhecer e cortar essas calças para terem aparência de surradas. Esses jovens buscam estar vestidos adequadamente para uma série de ocasiões e festividades típicas de determinado grupo social, ao mesmo tempo que também compram ternos, vestidos de noiva e de festa para outras ocasiões. Observa-se que o sentido de vestir-se adequadamente para as interações sociais pode ser o mesmo, mas as interpretações sobre como fazer isso podem variar entre grupos e ocasiões. Em outra época, os ternos e outras roupas sociais ocupavam espaço em boa parte das interações sociais, mas, nos dias atuais, o jeans surrado tomou parte desse espaço. Nesse exemplo, o processo de bricolagem ficaria ainda mais evidente no caso de noivos que optassem por casar usando seus jeans surrados. Ao serem questionados sobre a ruptura com as tradições, eles poderiam responder que optaram por aquela roupa para deixar claro que o importante não é o que se veste, mas Deus e o amor, dois aspectos tradicionalmente mencionados em cerimônias dessa natureza.

Dessa maneira, no cotidiano da sociedade são (re)criados os elementos culturais, mas esse processo não ocorre livremente, pois há instrumentos voltados para estabelecer uma lógica dominante, algo que imponha resistência. Os mitos e ritos, conforme Durkheim (1964) e Bourdieu (1989), levam o sujeito a se afastar de sua capacidade de criação simbólica e de suas representações individuais do mundo. Dentro dessa perspectiva, as representações coletivas ganhariam espaço, mas, neste capítulo, de acordo com Certeau (1994), defende-se que sempre há espaço para transformar esses elementos, mesmo reconhecendo que haverá resistência a esse processo. Para compreender isso, é necessário começar entendendo como essa resistência se articula e é utilizada por aqueles que querem pervertê-la. Em outras palavras, aqui a cultura dominante não é considerada algo a ser simplesmente seguido pelas pessoas: ela é reconhecida como alicerce para a existência de outras culturas que têm na cultura dominante apenas caminhos para sua legitimação, uma vez que permite articular instâncias de poder privilegiadas em dado grupo social.

A "dualidade" do homem defendida por Durkheim (1964) se apresenta nesse processo na medida em que os sujeitos, de maneira consciente ou não, aceitam submeter-se aos sistemas simbólicos dominantes ao mesmo tempo que buscam ser criadores de símbolos. A distinção em relação ao entendimento de Durkheim (1964) está no fato de essa "dualidade" não ser de todo perversa com esses pretensos criadores, pois, como interpreta Certeau (1994), a submissão a uma lógica dominante é um caminho para obter os elementos necessários para pervertê-la.

Nesse sentido, a cultura considerada dominante é apenas uma referência relacional que convive com outras culturas (SIMONS; INGRAM, 1997). Parece, portanto, mais adequado falar em subcultura dominante, e o termo *dominante* refere-se apenas às relações de reciprocidade entre ela e outras culturas; refere-se aos pontos de convergência em que se demarca a conformidade para com o grupo dominador (CLARKE et al., 1987), mesmo que de maneira parcial. No caso das organizações, essa subcultura, ao longo do tempo, viria das articulações de interesses daqueles que se posicionaram em espaços privilegiados de poder (CLEGG, 1989) e de controle dos recursos organizacionais (OLIVER, 1992).

O mosaico cultural que dá vida à organização

Dentro do conceito de que nas organizações há subculturas oriundas das articulações entre grupos sociais e pessoas, os aspectos comuns a todos na organização não são considerados elementos de uma cultura única, dominante na organização, mas pontos de uma subcultura que permeia determinado conjunto de grupos sociais de maneira integrada, fazendo parte das subculturas inseridas nesses grupos. Destaca-se ainda o fato de essa integração ser considerada relativa ao conjunto de grupos sociais analisados, podendo ser alterada com a simples mudança de um grupo no conjunto. Como salienta Rodrigues (1997), essa fragmentação cultural tem relação com a dificuldade das organizações industriais contemporâneas de criar vínculos com as pessoas por meio de significados que articulem uma identidade cultural.

Para estudar esse fenômeno do ponto de vista da cultura, de acordo com Smircich e Calas (1987), os interessados em explorar essa face complexa das organizações inserem-se na abordagem da cultura como metáfora voltada à compreensão do contexto cultural enquanto caminho para compreender as organizações. O mosaico cultural espelha a organização de forma que ela seja como um conjunto de aspectos culturais imbricados sem necessariamente compor algo homogêneo. Ainda para Smircich e Calas, essa abordagem se apresenta em oposição à da cultura como variável, voltada ao controle da organização por meio da homogeneização e do controle da cultura.

Na opinião de Alvesson (1993) e Smircich (1983), essa visão instrumental da cultura leva as pesquisas a uma ênfase que ganha em praticidade e facilidade de entendimento e utilização, mas perde em potencial teórico para balizar análises sobre as diferenças entre pessoas, grupos e culturas na organização. No caso da cultura como metáfora, é esse potencial que justifica sua adoção, a despeito de os estudos nela inseridos terem uma operacionalização mais complexa.

Os estudos que tratam a cultura como metáfora situam os elementos culturais (histórias, mitos, identidade e ritos, entre outros) como produtores das significações que dão sentido à organização, portanto, deixam de ser somente artefatos estáticos (SMIRCICH, 1983). O Quadro 2.1 sintetiza as características da abordagem da cultura como metáfora nas organizações, conforme as contribuições de Smircich e Calas (1987), ao apresentarem essa abordagem como uma das estruturas para analisar a literatura sobre cultura organizacional.

Quadro 2.1 – Cultura como metáfora de base

Características	Perspectiva paradigmática	Perspectiva da teoria do conhecimento
Cognição organizacional Organizações como estruturas de conhecimento; modelos compartilhados de referência ou regras.	Cultura em uma perspectiva interpretativa Organizações vistas como culturas; o foco muda para os processos organizacionais como representação do desenvolvimento cultural. Cultura é o processo por meio do qual a ação social e a interação são construídas e reconstruídas no interior de uma realidade organizacional. Cultura e comunicação são veículos por meio dos quais a realidade é constituída no contexto organizacional. O foco interpretativo posiciona a comunicação no centro da cultura organizacional.	O interesse prático Desejo de entender o significado em uma situação específica de forma que uma decisão possa ser tomada e uma ação alcançada. Uma decisão específica, não uma regra geral, é o objetivo da busca pelo conhecimento. Análises literárias e históricas são modelos da pesquisa. A metodologia envolve a interpretação de significados manifestados na interação humana. A exigência final para a validade é o consenso das partes interessadas sobre o significado da situação.

Fonte: Adaptado de Smircich e Calas (1987).

Machado-da-Silva e Nogueira (2000) explicam que nessa ótica a cultura é considerada um processo dinâmico e contínuo de (re)construção da realidade. Alvesson (1993) destaca que nessa construção o ambiente externo (social, econômico e político) é reconhecido como relacionado com as interações entre os atores organizacionais. Por isso mesmo, esse autor afirma que não basta utilizar metáforas na análise para que a investigação se insira na abordagem da cultura como metáfora: para essa inserção, é necessário desenvolver uma análise que inclua essa construção, mesmo que nenhuma metáfora seja citada literalmente. Isso revela que há bases gerais que norteiam a abordagem, mas sem impedir a existência de variações de enfoque dentro dela.

Tais variações ficam claras ao se discordar de Pépin (1998) sobre o fato de que na abordagem da cultura como metáfora não há espaço para estudar questões relativas ao poder e à identidade. Para ele, falta reconhecer a relevância dos aspectos humanos envolvidos. Entretanto, essa não é uma limitação da abordagem como um todo, pois depende do entendimento de cultura adotado em alguns estudos. Neste capítulo em especial, essa crítica é superada ao se reconhecer conceitualmente a configuração dinâmica e multifacetada da cultura.

É preciso ficar claro que, a despeito de se discordar desse aspecto das proposições de Pépin (1998), concorda-se com o autor sobre a necessidade de reconhecer a complexidade e as contradições dos fenômenos culturais nas organizações. Tal entendimento é defendido ainda por autores como Chanlat (1996), Dupuis (1996), Martin e Frost (2001), Alvesson (2002) e Martin (2002), os quais defendem a necessidade de se considerar a cultura nas organizações, no plural, reconhecendo suas ambiguidades e diversidade. Nesse contexto, a variedade de interpretações com base nas múltiplas faces da cultura é algo esperado (JAIME JÚNIOR, 2002; ALCADIPANI; CRUBELLATE, 2003).

Ao se adotar a abordagem da cultura como metáfora, oferece-se espaço para tratar dessa multiplicidade, pois é uma visão convergente com o que Martin (1992; 2002) chama abordagem das três perspectivas: integração (foco nos aspectos consensuais na organização), diferenciação (foco nos aspectos culturais consensuais apenas em grupos na organização) e fragmentação (foco nos aspectos culturais ambíguos e transitórios entre pessoas independentemente dos grupos organizacionais). Dessa maneira, aquela lógica relacional pela qual a análise da cultura depende das referências adotadas, em termos de grupos sociais e lócus, passa a articular essas perspectivas dando espaço a uma análise múltipla dentro de limites teóricos que contribuem para a viabilidade metodológica das investigações sobre o tema. Em outras palavras, na impossibilidade de se estudar toda a complexidade da cultura, propõe-se aqui uma alternativa que oferece limites teóricos e metodológicos adequados para tratar as organizações como culturas, no plural.

Quanto à questão dos limites metodológicos, neste capítulo foram discutidas as relações entre a definição do grupo de sujeitos de pesquisa e a relativização do que é integração, diferenciação e fragmentação cultural. Entretanto, ainda falta abordar como tratar os dados obtidos desses sujeitos com base nas diversas técnicas de coleta de dados qualitativos existentes (análise de documentos, entrevistas, grupos focais etc.). O desafio é tratar os dados coletados de maneira coerente com a profundidade exigida pela abordagem aqui defendida. Nesse sentido, propõe-se o uso dos discursos dos sujeitos, tratados por meio da AD.

A Análise do Discurso (AD) como alternativa metodológica na abordagem da cultura como metáfora

Para Marshak (1998), Oswick et al. (1997), Jones (1998) e Alvesson (1994), a ação torna-se significativa por meio da linguagem tendo o discurso como fundamento. Portanto, a AD seria um caminho lógico para se estudar esse processo e as culturas a ele associadas nas organizações. Isso se justifica, pois as culturas se relacionam com as interpretações e múltiplas significações nos discursos no cotidiano organizacional (MUMBY; STOHL, 1991).

Especificamente em relação às metáforas de base para análises organizacionais, Boje (1995) destaca que nos estudos organizacionais a AD rompe com as concepções mecanicistas (organização como partes interligadas de uma máquina) e organicistas (organização como um organismo vivo em desenvolvimento interagindo com o ambiente) na direção de uma metáfora que tem a linguagem como base. Nesta, as organizações são vistas como um conjunto de discursos que articulam as interações organizacionais. Com base nesses se estabelece o "regime de verdades" oficial das organizações, com as quais os outros discursos, convergentes e divergentes com o oficial, articulam-se (BOJE, 1995).

Essas articulações se manifestam em expressões e palavras (desempenho organizacional, qualidade, produtividade etc.) inseridas nos discursos relacionados com as organizações e oriundas do discurso fundador (DU GAY et al., 1996; KNIGHTS, MORGAN, 1991; WOODILLA, 1998; REED, 1998).

É preciso ficar claro que, a despeito de essas expressões e palavras estarem presentes nos discursos nas organizações como um todo, na abordagem aqui discutida, o discurso fundador e o oficial não necessariamente substituem ou eliminam os demais discursos, alguns inclusive são opostos a eles. De acordo com Holmer-Nasdsen (1996), isso se explica pelo fato de uma prática discursiva não ser imune a outras.

Na opinião de Foucault (1987a; 1987b; 1996), nossas práticas sociais são condicionadas pelos discursos, mas isso não é uma imposição instrumentalizada de maneira simplista: esse condicionamento envolve o sujeito em uma rede de relações que ele mesmo reforça. Ele salienta ainda que a intencionalidade e o poder estão sempre presentes no discurso como elementos dessa rede na qual os discursos se formam da interação com outros discursos. O que significa dizer que o discurso é sempre um interdiscurso oriundo da interação entre discursos (FARIA, 1999). Para Foucault (1987a; 1987b), o discurso é um acontecimento que deve ser descrito para esclarecer as unidades que ali se formam. Essa descrição, conforme expõe

Woodilla (1998), deve caracterizar os enunciados, enunciadores e ouvintes do discurso. Quando os elementos são oriundos da classe dominante, tem-se, segundo Fiorin (2003), o principal agente produtor de discursos como fundamento destes e de suas práticas das classes dominadas.

Tais discursos dominantes concretizam as ideias oficiais sobre missão, cultura e identidade da empresa, as quais correspondem a práticas discursivas específicas de pessoas e grupos (FIORIN, 2003), na medida em que expõem como veem a organização. Por conseguinte, a AD permitiria resgatar essas representações envolvendo organização, grupos e pessoas, uma vez que concentra suas manifestações nas construções interdiscursivas. Nessa ótica, mesmo os discursos críticos podem ser resgatados, pois se constituem do conflito com os dominantes (FIORIN, 1988).

Para operacionalizar a análise desses discursos, deve-se considerar que eles se organizam em conjuntos semânticos de temas que, segundo Fiorin (1989; 2003), referem-se aos aspectos abstratos ao interpretar e ordenar os fatos observáveis.

Faria (1999) explica que, para realizar esse efeito, os temas são apresentados nos discursos organizados em conjuntos convergentes entre si e em oposição a outros conjuntos. Em outras palavras, o discurso não é composto apenas por temas convergentes, mas também pela oposição discursiva. Portanto, na AD cabe identificar, descrever e agrupar esses conjuntos de temas para revelar essas oposições, os discursos a ela relacionados e os elementos neles inseridos, como os aspectos referentes às culturas na organização.

A operacionalização da referida análise inicia-se ao se buscar identificar os temas e as figuras veiculados por meio das estratégias discursivas articuladas. Para isso, é necessário identificar as estratégias de persuasão discursivas articuladas e os temas a elas associadas.

De acordo com Faria e Linhares (1993), são quatro as estratégias de persuasão discursivas principais:

> 1. *Construção de personagens e das relações entre eles*. Essas construções demarcam os discursos na medida em que os caracterizam por meio de figuras que assumem posições específicas, o que pode incluir o enunciador. Essa estratégia é destacada em muitos trabalhos sobre estudos organizacionais que tratam da narrativa (BOJE, 1995; BARRY; ELMES, 1997).
>
> 2. *Seleção lexical*. Holmer-Nasdsen (1996) e Watson (1995) a destacam como a base de diferenciação dos discursos pela escolha do vocabulário. Dessa maneira, temas e realidades semelhantes

ganham contornos distintos, inclusive ideológicos, de acordo com o vocabulário utilizado.

3. *Relações entre conteúdos explícitos e implícitos*. Estruturam os elementos no discurso (sentidos, significações, valores, normas, entre outros), na medida em que apresentam alguns aspectos de maneira explícita (maior responsabilidade do enunciador) e outros de modo implícito (maior responsabilidade da interpretação do ouvinte) (MUMBY; STOHL, 1991; HARDY; PHILLIPS, 1999).

4. *Silêncio sobre determinados temas*. Mumby e Stohl (1991) e Hardy e Phillips (1999) ressaltam sua relevância ao permitir destacar, por oposição, o que é dito com aquilo que faz parte do universo discursivo em análise, mas foi silenciado.

Cada uma dessas estratégias tende a remeter a temas convergentes, diferentes ou divergentes, o que permite organizá-los em seus percursos semânticos, evidenciar as oposições entre eles e recompor os interdiscursos. Assim, é possível expor, entre outros, aspectos referentes à abordagem das culturas como uma metáfora da organização. Dentro da linha defendida neste capítulo, evidencia-se a interpretação de significados manifestados na interação humana nas configurações de integração, diferenciação e fragmentação cultural nas organizações relativas aos grupos sociais investigados.

Considerações finais

Não se pode dizer que a problematização proposta – *como tratar as organizações como culturas, no plural?* – tenha apenas uma resposta, pois, assim como o tema adotado, sua resposta é dinâmica, complexa e múltipla, além de depender de uma infinidade de aspectos contextuais dos próprios interessados no tema. Por isso, ao apresentar o objetivo, quer se deixar claro que a discussão giraria em torno de uma alternativa delineada pela inserção na abordagem das três perspectivas em conjunto (MEYERSON; MARTIN, 1987) e no tratamento dos dados por meio da AD (FIORIN, 1988).

Buscou-se, então, dentro desse corte, defender a inserção de pesquisas em um entendimento específico de cultura nas organizações no qual o uso do termo no plural é mais adequado – *organizações como culturas* – em uma visão de culturas como metáfora. Com base na discussão desenvolvida, fica claro que a temática da *cultura nas organizações* é complexa e profunda, na medida em que se pode ver a cultura como algo objetivado em manifestações concretas que também são metáforas abstratas da própria organização e de seu contexto social. Ao articular esse argumento, acredita-se que se evidencie a utilidade da abordagem das três perspectivas em conjunto com a AD. Esse argumento se baseia no entendimento de que as inter-relações entre as manifestações concretas e as abstrações no cotidiano organizacional não podem ser tratadas sem cortes teóricos-metodológicos que viabilizem os estudos, uma vez que há infinitas inter-relações possíveis. Portanto, a delimitação inicial dos estudos para a coleta dos dados dos três tipos de configuração das construções das significações (integrada, diferenciada e fragmentada) é apenas um corte, uma definição do que será ou não perdido na análise.

Esse reducionismo é necessário para viabilizar os estudos e se acredita que ele oferece elementos suficientes para a análise da pluralidade cultural, pois é esse justamente o foco do uso conjunto das três perspectivas. A fim de oferecer espaço para aproveitar o potencial explicativo dessa alternativa e confrontá-la com sua própria adequação, buscou-se um caminho metodológico que resgatasse as referências dos sujeitos de pesquisa em relação às delimitações de suas construções sociais. Nesse sentido, a AD se apresenta como técnica de tratamento de dados que permite examinar o uso conjunto das três perspectivas abordando as organizações como culturas e oferecer espaço para identificar as limitações desse uso, permitindo evidenciar a própria configuração atribuída pelos sujeitos com base em seus discursos. Em outras palavras, é possível confrontar a configuração oferecida pelos sujeitos com aquela (das três perspectivas) proposta inicialmente para nortear a coleta e a análise dos dados.

À medida que a AD se volta para o interdiscurso, essa confrontação é viabilizada. Por isso, mesmo com o pesquisador concentrando-se nas três perspectivas durante a coleta de dados, os sujeitos têm espaço para se opor a ela por meio da oposição discursiva e articular suas configurações. O que corresponde a dizer que a AD permite aos enunciadores do discurso apresentarem suas próprias delimitações, a despeito de inicialmente ser necessário para o pesquisador partir de um corte teórico inicial e desenvolvê-lo durante a análise.

Ao se indicar esse potencial conjunto da abordagem das três perspectivas com o uso da AD, acredita-se que ambas se complementam, uma vez que a primeira oferece delimitações iniciais e a segunda permite legitimá--las ou evidenciar suas limitações com base nas próprias manifestações dos sujeitos. Essas contribuições operacionalizam e vão ao encontro da base conceitual da abordagem da cultura como metáfora destacada por Smircich e Calas (1987) que deposita no sujeito de pesquisa a responsabilidade pela validação das análises realizadas.

Referências

AKTOUF, O. O simbolismo e a cultura da empresa: dos abusos conceituais às lições empíricas. In: CHANLAT, J. F. (org.). *O indivíduo na organização*: dimensões esquecidas, VII. São Paulo: Atlas, 1993. p. 39-79.

ALCADIPANI, R.; CRUBELLATE, J. Cultura organizacional: generalizações improváveis e conceituações imprecisas. *Revista de Administração de Empresa*. São Paulo, v. 43, n. 2, p. 64-77, 2003.

ALVESSON, M. *Cultural perspectives on organizations*. Cambridge: Cambridge University Press, 1993.

_____. Talking in organizations: managing identity and impressions about an advertising agency. *Organization Studies*, Berlim, v. 15, n. 4, p. 535-63, 1994.

_____. *Understanding organizational culture*. Londres: Sage, 2002.

BARRY, D.; ELMES, M. Strategy retold: toward a narrative view of strategic discourse. *Academy of Management Journal*, Madison, v. 22, n. 2, p. 429-52, 1997.

BERGER, P. L.; LUCKMANN, T. *A construção social da realidade*: tratado de sociologia do conhecimento. Petrópolis: Vozes, 1985.

BOJE, D. M. Stories of the storytelling organization: a postmodern analysis of Disney as "Tamara-Land". *Academy of Management Journal*, Madison, v. 38, n. 4, p. 997-1035, 1995.

BOURDIEU, P. *O poder simbólico*. Lisboa. Difel/ Bertrand do Brasil, p. 7-16, 1989.

CAVEDON, N. R.; FACHIN, R. C. Homogeneidade versus heterogeneidade cultural: um estudo em universidade pública. In: ENCONTRO NACIONAL DE PROGRAMAS DE PÓS-GRADUAÇÃO EM ADMINISTRAÇÃO, 24, 2000, Florianópolis. *Anais...* Florianópolis: ANPAD, 2000. 1 CD-ROM.

CERTEAU, M. *A invenção do cotidiano*. Petrópolis: Vozes, 1994.

CHANLAT, J. F. O ser humano, um ser simbólico. In: CHANLAT, J. F. (org.). *O indivíduo nas organizações*: dimensões esquecidas. São Paulo: Atlas, 1996. v. 3, p. 227-30.

CLARKE, J. et al. Subcultures, cultures and class. In: BENNETT, T. et al. (eds.). *Culture, ideology and social process*. Londres: Open University, 1987. p. 53-79.

CLEGG, S. *Frameworks of power*. Londres: Sage Publications, 1989.

D'IRIBARNE, P. *La logique de l'honneur*: gestion des entreprises et traditions nationales. Paris: Seuil, 1989.

DU GAY, P.; SALAMAN, G.; REES, B. The conduct of management and the management of conduct: contemporary managerial discourse and the constitution of the "competent" manager. *Journal of Management Studies*, Oxford, v. 33, n. 3, p. 263-82, 1996.

DUPUIS, J. Antropologia, cultura e organização: proposta de um modelo construtivista. In: CHANLAT, J. F. (org.). *O indivíduo nas organizações*: dimensões esquecidas. São Paulo: Atlas, 1996. v. 3, p. 227-30.

DURKHEIM, E. The dualism of human nature and its social conditions. In: WOLF, K. H. (ed.). *Essays on Sociology of Philosophy*. Londres: Harper & Row, 1964. p. 325-40.

FARIA, A. A. M. de. *Sobre o germinal*: interdiscurso, intradiscursos e leitura. São Paulo: USP, 1999. Tese (Doutorado). Universidade de São Paulo, São Paulo, 1999.

_____; LINHARES, P. de T. F. S. O preço da passagem no discurso de uma empresa de ônibus. *Cadernos de Pesquisa*, Belo Horizonte, v. 10, p. 32-38, 1993.

FIORIN, J. L. *Elementos de análise do discurso*. São Paulo: Contexto, 1989.

_____. *Linguagem e ideologia*. São Paulo: Ática, 1988.

_____. *Linguagem e ideologia*. 7. ed. São Paulo: Ática, 2003.

FOUCAULT, M. *A arqueologia do saber*. Rio de Janeiro: Forense Universitária, 1987a.

_____. *As palavras e as coisas*. São Paulo: Martins Fontes, 1987b.

_____. *A ordem do discurso*. São Paulo: Edições Loyola, 1996.

GEERTZ, C. *A interpretação das culturas*. Rio de Janeiro: Guanabara Koogan, 1989.

HARDY, C.; PHILLIPS, N. No joking matter: discursive struggle in the canadian refugee system. *Organization Studies,* v. 20, n. 1, p. 1-24, 1999.

HOLMER-NASDSEN, M. Organizational identity and space of action. *Organization Studies,* Berlin, v. 17, n. 1, p. 49-81, 1996.

JAIME JÚNIOR, P. Um texto, múltiplas interpretações: antropologia hermenêutica e cultura organizacional. *Revista de Administração de Empresa,* São Paulo, v. 42, n. 4, p. 72-83, 2002.

_____. Um texto, múltiplas interpretações: notas para uma análise da dinâmica cultural nas organizações. In: ENCONTRO NACIONAL DE PROGRAMAS DE PÓS-GRADUAÇÃO EM ADMINISTRAÇÃO, 25, 2001, Campinas. *Anais...* Campinas: ANPAD, 2001. 1 CD-ROM.

JONES, C. Foucault, discourse, organization. In: INTERNATIONAL CONFERENCE ON ORGANIZATIONAL DISCOURSE: PRETEXTS, SUBTEXTS AND CONTEXTS, 3, 1998, Londres. C*onference proceedings book...* Londres: KMPC, 1998. (CD-rom).

KNIGHTS, D.; MORGAN, G. Corporate strategy, organizations and subjectivity: a critique. *Organization Studies,* v. 12, n. 2, p. 251-73, 1991.

MACHADO-DA-SILVA, C. L.; NOGUEIRA, E. P S. Instituições, cultura e identidade organizacional. *Anais do ENEO 2000.* Curitiba: Cromos, 2000.

MARCUS, G. E.; FISCHER, M. M. J. *Anthropology as cultural critique*: an experimental moment in the human sciences. Chicago: The University of Chicago Press, 1986.

MARSHAK, R. J. A discursive on discourse: redeeming the meaning of talk. In: GRANT, D.; KEENOY, T; OSWICK, E. (eds.). *Discourse and organization.* Londres: Sage, 1998. p. 15-30.

MARTIN, J. *Cultures in organizations*: three perspectives. Nova York: Oxford University Press, 1992.

_____. *Organizational culture*: mapping the terrain. Londres: Sage, 2002.

_____; FROST, P. Jogos de guerra da cultura organizacional: a luta pelo domínio intelectual. In: CALDAS, M.; FACHIN, R.; FISCHER, T. (orgs.). *Handbook de estudos organizacionais*: modelos de análise e novas questões em estudos organizacionais. São Paulo: Atlas, 2001. v. 2, p. 219-51.

MEYERSON, D. E.; MARTIN, J. Cultural change: an integration of three different views. *Journal of Management Studies,* Oxford, v. 24, n. 6, p. 223-45, 1987.

MUMBY, D. K.; STOHL, C. Power and discourse in organization studies: absence and the dialetic of control. *Discourse & Society,* Londres, v. 2, n. 3, p. 313-32, 1991.

OLIVER, C. The antecedents of deinstitutionalization. *Organization Studies,* v. 13, n. 4, p. 563-88, 1992.

OSWICK, C.; KEENOY, T.; GRANT, D. Managerial discourses: words speak louder than actions? *Journal of Applied Management Studies,* Londres, v. 6, n. 1, p. 5-12, 1997.

PÉPIN, N. Cultura de empresa: nascimento, alcance e limites de um conceito. *Mosaico*: Revista de Ciências Sociais, Vitória, v. 1, n. 1, p. 267-93, 1998.

REED, M. Organizational analysis as discourse analysis: a critique. In: GRANT, D.; KEENOY, T.; OSWICK, E. (eds.). *Discourse and Organization.* Londres: Sage, 1998. p. 193-213.

RODRIGUES, S. B. Cultura corporativa e identidade: desinstitucionalização em empresa de telecomunicações brasileira. In: *Revista de Administração Contemporânea.* ANPAD. v. 1, n. 2, p. 45-72, maio/ago. 1997.

SIMONS, T; INGRAM, P. Organization and ideology: kibbutzim and hired labor. *Administrative Science Quarterly,* v. 42, 1997.

SMIRCICH, L. Concepts of culture and organizational analysis. *Administrative Science Quartely,* Cornell University, v. 28, n. 3, 1983.

SMIRCICH, L.; CALAS, M. B. Organizational culture: a critical assessment. In: JABLIN, F. M. (dir.). *Handbook of organizational communication.* Beverly Hills, CA: Sage, 1987. p. 228-263.

WATSON, T. J. Rhetoric, discourse and argument in organizational sense making: a reflexive tale. *Organization Studies,* Berlim, v. 16, n. 5, p. 805-21, 1995.

WOODILLA, J. Workplace conversations: the text of organizing. In: GRANT, D.; KEENOY, T.; OSWICK, E. (eds.). *Discourse and organization.* Londres: Sage, 1998. p. 31-50.

O SUJEITO COMO MÚLTIPLO AGENTE DE MÚLTIPLAS OPERAÇÕES

Wander Emediato

Em Análise do Discurso (AD), a história do sujeito como categoria de análise sofreu variações radicais nos últimos 50 anos. Da primeira geração da AD, com Michel Pêcheux, a partir dos anos 1960, aos estudos do discurso contemporâneos, passamos do entendimento do sujeito como uma posição na topografia social e no sistema de formações ideológicas a um sujeito multiforme que assume papéis estratégicos na comunicação.[1]

O conceito de sujeito é inseparável do conceito de identidade. O indivíduo interage em diferentes situações (família, empresa, grupo de amigos, escola etc.), desempenhando papéis circunstanciais relacionados com seu

---

[1] Para Michel Pêcheux o sujeito é assujeitado pelas formações discursivas e ideológicas. As teorias do discurso mais enunciativas, desenvolvidas a partir da década de 1980, quebram a unicidade do sujeito (Ducrot), evidenciando seu caráter heterogêneo, enquanto outras dividem o sujeito em instâncias distintas envolvidas em um jogo de linguagem, ou encenação, como em Patrick Charaudeau, para quem o sujeito é o lugar de um projeto de fala (sujeito comunicante, social) e de estratégias discursivas e enunciativas (sujeito enunciador), que operam em relação dialógica com, respectivamente, um sujeito interpretante (social) e um sujeito destinatário (discursivo).

estatuto social (e comunicacional) na situação definida. A identidade vista como continuidade, que permite dizer que alguém é o que é em qualquer situação, cede lugar a uma identidade descontínua, submetida à alternância de papéis representados por um indivíduo em seu dia a dia. Esse conceito moderno de identidade tem sua origem nos trabalhos de George Mead, que se radicalizaram com o conceito de identidade pós-moderna, fragmentada, com base nos Estudos Culturais (HALL, 2001). Com as reflexões da pragmática sobre a linguagem em interação (BANGE, 1992), associadas à teoria das faces (GOFFMAN, 1993), o sujeito ressurge dentro de uma problemática da interação inter-regulada, da planificação estratégica dos objetivos interacionais e de um trabalho constante, na relação comunicativa, sobre a imagem de si e do outro. É um sujeito confrontado à encenação da vida cotidiana, e é, ao mesmo tempo, psicológico, social e discursivo (CHARAUDEAU, 1983). É um **parceiro** que representa um papel social na interação, e um **protagonista**, um ser de discurso que participa da teatralização da vida cotidiana e da comunicação social. Este capítulo objetiva, assim, apresentar as diferentes faces desse sujeito e suas múltiplas operações, buscando, em especial, refletir sobre seu lugar na dinâmica das comunicações organizacionais, tal como uma AD moderna poderia descrever.

Sujeito, identidade e conformidade social

Como observado, é difícil pensar sobre a categoria do sujeito sem refletir sobre o problema de sua identidade. A identidade do indivíduo se constrói em relação aos parâmetros mais gerais do grupo social ao qual pertence, pois as propriedades genéricas valorizadas socialmente devem refletir e orientar as ações e os comportamentos de seus membros de modo a gerar uma aparente unidade grupal. Reivindicar uma identidade nesse contexto não pode significar mostrar-se original, autêntico ou único, na medida em que os demais integrantes do grupo julgam e avaliam os comportamentos de acordo com as representações que partilham sobre as normas de conformidade social. Nessa acepção de identidade como um *continuum*, a diferença parece constituir um obstáculo a toda unidade grupal e pode estar na origem de constrangimentos e de mal-estar na interação.

Goffman (1993) destacou os efeitos disfóricos na comunicação em decorrência de comportamentos não conformes (*faulty persons*) em situações cujas expectativas são subitamente quebradas por alguma disfunção comunicacional (certo comportamento, maneira de falar, falta de engajamento na interação, aspecto físico, um *ethos* não conforme). Nessas circunstâncias, um mal-estar se instala na interação e as identidades ficam ameaçadas. Por exemplo, quando um patrão, conhecido por pertencer a certa classe social de prestígio, adota um modo de falar próprio ao seu empregado, sabidamente de outro nível social, é comum que se produza nessa interação uma **disforia**, certo mal-estar, pois o empregado pode não entender o comportamento do patrão como algo natural. Isso ocorre porque as pessoas constroem expectativas sobre como o outro se comportará na interação, que papel assumirá, quais comportamentos etc. A quebra de expectativas pode ser negativa e soar como o preconceito que se quer ocultar pela caricatura do outro.

Se o problema da identidade parece relevante para a noção de sujeito é porque não se pode conceber a interação humana fora de princípios reguladores da troca comunicativa. Os envolvidos na interação precisam reconhecer o outro como alguém com quem se partilha algo (valores comuns, objetivos mútuos, saberes, papéis, interesses etc.). Todavia, a vida contemporânea obriga os indivíduos a vivenciarem situações muito distintas, a assumirem papéis diferentes e mesmo antagônicos, a experimentarem diferentes identidades circunstanciais e a buscarem estratégias de comunicação nem sempre eficazes.

Michel Pêcheux funda a noção de um sujeito disperso na topografia social como uma posição ocupada no território das formações discursivas e ideológicas; **sujeito assujeitado**, como se costuma dizer, cuja consciência opaca faz dele uma posição dentro de uma conjuntura histórica e social, uma **ilusão de sujeito**. Esse conceito de sujeito dominou a cena do discurso durante as últimas quatro décadas. As correntes enunciativas e pragmáticas que a sucederam tentam reinserir o sujeito na cena do discurso como algo estruturante e não apenas estruturado; como um sujeito que tem intenções e quer realizá-las por meio de seu discurso e de sua ação social.

A abordagem enunciativa do discurso deve muito ao trabalho desenvolvido na França por Patrick Charaudeau, desde seu primeiro livro, *Langage et discours*, em 1983, mas também ao desenvolvimento dos estudos sobre a interação e a subjetividade, como os de Catherine Kerbrat-Orecchioni e Pierre Bange, assim como os estudos sobre polifonia e enunciação de Oswald Ducrot e, ainda, o retorno dos estudos sobre argumentação e persuasão, cujo marco é a obra de Perelman e Olbrechts-Tyteca, *Tratado da argumentação, a nova retórica*, de 1958. Em um cenário em que a análise das ideologias no discurso político assumia um papel preponderante, as correntes enunciativas dos estudos discursivos buscaram aliviar o sujeito da forte determinação das formações discursivas e propuseram investigar variados processos envolvidos na comunicação e no discurso, entre os quais a intencionalidade, a subjetividade e a heterogeneidade. A quebra da unicidade do sujeito abre o caminho para a construção de um sujeito heterogêneo, multiforme e ativo.

A Cultura Organizacional e suas diferentes dimensões

O conceito de Cultura Organizacional é uma dessas noções transversais que apresentam traduções em outros domínios das Ciências Humanas. *Grosso modo*, ele representa um sistema de comportamentos, normas e valores sociais que serve de parâmetro para que pessoas de dado agrupamento – por exemplo, uma organização empresarial – possam agir, avaliar e tomar decisões. Funciona como um sistema de referências, constituindo um conjunto de crenças que serve de balizador das interações dentro do grupo (organização).

Em certo sentido, toda comunicação pode ser considerada organizacional, na medida em que a dinâmica de qualquer troca interacional é regulada, portanto, organizada, em um contexto grupal determinado por um sistema comum de referências, ou seja, uma cultura comunitária. A interação em um grupo familiar, por exemplo, mostra-nos que variadas dimensões coexistem no conjunto das atividades comunicativas que ali se desenvolvem, e que não são muito diferentes das encontradas em uma empresa ou em outra instituição (as dimensões **relacional**, **informacional** e **hierárquica**, por exemplo).

A **dimensão relacional** é importante para manter a coesão dentro desse grupo. Ao mesmo tempo, está subordinada fortemente à dimensão hierárquica (com os pais no topo de hierarquia, seguidos de hierarquias secundárias entre irmãos, geralmente definidas pela idade e, em alguns contextos socioculturais, pelo sexo).

A **dimensão informacional** é também relevante no contexto familiar e, tradicionalmente, é descendente, ou seja, parte dos pais para os filhos. Essas informações são de natureza complexa: de ordem **linguística** (aprendizagem da linguagem), ética (valores, atitudes e crenças) e **pragmática** (distribuição de atividades e papéis). O fluxo de informações em qualquer organização é duplo, descendente e ascendente, mas é possível, em uma análise de caso, evidenciar um traço da cultura organizacional pela característica do fluxo informacional. O mesmo pode ser feito de uma análise da dimensão relacional, o que configura sempre um grande problema para a política de recursos humanos e que tem justificado ampla literatura sobre desenvolvimento de competências interpessoais nas organizações.

A **dimensão hierárquica** é, sem dúvida, uma das mais relevantes e delicadas, amplamente debatida por toda uma literatura sobre o trabalho em equipes e a diminuição das hierarquias internas.[2] É importante no sistema de tomadas de decisão, mas não pode desvincular-se totalmente da dimensão informacional, nem desprezar a dimensão relacional, sob o risco de perder a coesão dentro da organização e de sua cultura, com os saberes e valores que ela engendra, e de romper os vínculos éticos e afetivos que contribuem também para a sua dinâmica. Do mesmo modo que uma família pode desagregar-se pela saturação dos papéis esperados, pela degenerescência dos vínculos intersubjetivos e pela perda da relevância de saberes, valores e crenças que sustentam a coesão grupal, uma empresa também pode desagregar-se pelo colapso de sua cultura organizacional, o que significa, em certo sentido, o colapso dos vínculos objetivos e subjetivos entre os sujeitos.

Como é possível, então, compreender melhor a extensão que os sujeitos podem ter em um contexto organizacional complexo? Em primeiro lugar, devemos construir uma noção clara das diferentes funções que o termo sujeito pode desempenhar na interação; em segundo lugar, identificar o funcionamento e a dinâmica subjetiva e intersubjetiva dentro de uma organização; finalmente, devemos buscar compreender, com base nessa análise, o que pode ser uma cultura organizacional sob a perspectiva do sujeito.

O sujeito como um terceiro no espaço interdiscursivo

Como observado na linha aberta por Michel Pêcheux, o sujeito se confunde com a própria ideologia ao ser interpelado por uma das formações discursivas que habitam seu território. Há, portanto, certa equivalência entre o que se conceituou por formação discursiva e a própria ideologia (formação ideológica). A formação ideológica impõe ao sujeito o que ele deve pensar, ao passo que a formação discursiva lhe impõe o que deve dizer, assim como também o que não deve nem pode dizer, e, ainda, como dizer o que pode (e deve) ser dito para que seja o sujeito desse lugar. Mesmo que tal perspectiva

---

[2] Em seu livro *O ócio criativo*, Domenico de Masi (2000) relata a experiência de mandar os coordenadores de uma grande empresa para casa, durante certo período, o que demonstrou a importância relativa da hierarquia para a manutenção da produtividade dos setores que coordenavam.

possa parecer extremamente determinista do comportamento dos indivíduos, que se veem **assujeitados** pelas formações discursivas e reduzidos a posições, não pode ser totalmente descartada, mas deve ser relativizada, pois explica apenas parte das diferentes dimensões subjetivas envolvidas em um processo de comunicação.

Embora as correntes enunciativas do discurso, como os trabalhos de Charaudeau, busquem se desvincular da abordagem ideológica, essas não rompem totalmente com essa tradição. Ao tratar o sujeito como um agente comunicante que põe em cena estratégias discursivas voltadas para a realização de um projeto de comunicação, Charaudeau se vincula a certo pragmatismo comunicacional, mas não nega, por outro lado, a influência de fatores interdiscursivos que submetem, de algum modo, a ação estratégica do sujeito. Ao submeter as estratégias comunicacionais às restrições impostas por um **contrato de comunicação**, parte da liberdade do sujeito se perde novamente em proveito da boa realização da troca comunicativa. O contrato de comunicação deve ser respeitado pelos sujeitos comunicantes, suas regras são preexistentes e funcionam como uma voz de autoridade que regula as ações. A diferença entre a acepção determinista forte (sujeito ideológico) e a marcadamente pragmática é o nível de consciência que o sujeito teria de sua própria submissão às regras do jogo e da exigência de se assujeitar. Para a primeira acepção, é necessária; para a segunda, é estratégica.

O conceito de Cultura Organizacional associa-se a essa problemática, por constituir uma força reguladora das ações dos agentes que atuam na organização, correspondendo a uma voz portadora de discursos de verdade; uma voz terceira, que age produtivamente, embora não se saiba muito bem quais sejam seu locutor e sua origem. É justamente por não corresponder a nenhum locutor definido que essa voz interdiscursiva tem força para submeter, a sua lógica de ação, os comportamentos e os pontos de vista que circulam na organização. Idealmente, todas as enunciações produzidas no interior da organização deveriam corresponder a **subenunciações** da Cultura Organizacional, que funcionaria, então, como **sobre-enunciador** ou **hiperenunciador** (MAINGUENEAU, 2004). Por atuar como um **terceiro interdiscursivo**, a Cultura Organizacional detém essa força que, de acordo com Robbins (2002), é responsável por fornecer aos membros da organização um sentimento de identidade, de unidade e de participação coletiva, orientando seus comportamentos e dando sentido ao empenho de cada um. A ausência de uma cultura organizacional clara produz o efeito contrário: a ausência de sentimento de identidade, de unidade e de participação coletiva, que torna os comportamentos individualizados e voltados somente para a realização de objetivos egocentrados. O empenho deixa de ser guiado pela Cultura Organizacional, a qual perde relevância, e, como mencionado, passa a ser direcionado unicamente para a satisfação das metas individuais.

O sujeito no espaço situacional

Se o sujeito no espaço interdiscursivo é uma voz terceira, algo que corresponde à ideia de cultura, de ideologia, de mentalidade, o sujeito no espaço situacional deve ser tratado empiricamente como um parceiro ativo da comunicação, detentor de um estatuto social dentro da organização. Em resumo, o sujeito no espaço situacional ocupa uma **função** dentro da organização. Cada função é interpretada no interior de um conjunto de representações que circula sobre os estatutos sociais. O sujeito terá o estatuto de **secretária**, **cobrador**, **gerente**, **diretor**, **superintendente**, **presidente** etc., com seu papel determinado, sua posição dentro da hierarquia e seus estereótipos sociodiscursivos. O estereótipo social vive do discurso, mas nem sempre encontra seu objeto na realidade. É diferente da categorização, pois as categorias sociais existem independentemente do discurso. Sabe-se o que o discurso construiu sobre a categoria social de **secretária**, ou seja, certos estereótipos que o discurso fez circular sobre essa categoria socioprofissional. Tem-se conhecimento de que a categoria socioprofissional de **superintendente**, ou de **presidente**, de uma organização significa muito mais que uma posição dentro da hierarquia. O discurso cria representações da categoria e a encapsula dentro de um estereótipo (de poder, de status) que se torna determinante no sistema de interações da organização. O sistema de papéis e estatutos delimita, dentro da organização, os espaços do dizer e do dizível.

As representações determinam fortemente o modo como se deve interpretar uma identidade situacional para si e para todos os demais participantes da organização. Sabe-se que, já no século 17, a corte francesa era a única que permitia, no contexto das cortes europeias, o acesso direto ao rei. Improvável em outras cortes, esse acesso exigia, porém, do visitante interessado o estrito conhecimento das regras de etiqueta da corte. Considerando a complexidade das regras de etiqueta que imperavam na época de Luís XIV, essa exigência tornava tal acesso, permitido em tese, bastante complicado na prática, senão impossível para a maioria. De modo análogo, se, de um lado, não há nada que impeça um auxiliar administrativo de ter acesso direto ao presidente de uma grande empresa, esse contato é, no mínimo, pouco provável, independentemente de uma eventual relevância que tal contato possa comportar (por exemplo, criticar medidas ou atitudes tomadas por seu chefe imediato e que poderiam ser nocivas à organização). Isso mostra como o fluxo informacional, de baixo para cima, é entravado pela dimensão hierárquica. E justifica também, em parte, a importância dos **rumores** dentro da dinâmica informacional de uma empresa, pois uma de suas funções é justamente romper as barreiras da hierarquia e deixar circular as opiniões e o dizer dentro da organização.

O fato de a dimensão hierárquica parecer intrínseca a toda estrutura organizacional, seja familiar, empresarial ou outra, não a isenta de questionamentos. Os estudos sobre a atuação de equipes em ambientes organizacionais têm como um de seus pilares a diminuição das hierarquias internas em proveito de estruturas mais horizontais. Robbins (2002) ressalta a emergência do trabalho em equipes como forma fundamental da organização moderna. Todavia, a transformação das estruturas da realidade não é necessariamente acompanhada por uma transformação no discurso. Como mencionado, os estereótipos sociais, que são produzidos e circulados no/pelo discurso, não correspondem à categorização social, que pertence à estrutura do real. O estereótipo da mulher do lar, espaço feminino por excelência (no discurso), sobrevive apesar de a mulher real apenas corresponder rara e vagamente a seus estereótipos. O estereótipo do valor do chefe, cuja chegada eventualmente coincide com uma melhoria do desempenho da equipe e da organização, sustenta-se no argumento sofístico *post hoc ergo propter hoc* (depois disso, logo causado por isso). Estereótipo que atua na realidade e faz a alegria (e a desgraça) dos treinadores de futebol!

O sujeito no espaço situacional (social) da organização é um objeto que deveria merecer maior reflexão. O sistema de carreiras certamente é mais complexo do que deveria ser caso sua função fosse unicamente adaptar-se às necessidades operacionais da empresa. Trata-se de um sistema extremamente simbólico, construído historicamente, e que deixou pelo caminho estereótipos bastante atuantes no sistema de preconceitos e julgamentos. Ele determina não apenas o que se pensa sobre os estatutos sociais dentro da organização, mas define limites interacionais entre os participantes: quem pode e deve falar, quem deve permanecer no silêncio, aqueles que podem (e devem) agir sobre o sistema operacional (sujeitos estruturantes) e aqueles cuja função é replicar e submeter suas enunciações aos locutores/enunciadores superiores.

O sujeito no espaço da enunciação

Se no espaço interdiscursivo o sujeito se apresenta como voz normativa, reguladora e impositiva da cultura organizacional da empresa, e se no espaço situacional o sujeito ocupa função específica que lhe confere um estatuto e uma identidade (às vezes, estereotipada) dentro da organização, no espaço da enunciação, por sua vez, os sujeitos se apresentam como locutores e como enunciadores de pontos de vista que podem ser **coorientados** ou **antiorientados**, atuando como **subenunciadores** ou **sobre-enunciadores**. O espaço da enunciação ocupa uma função central na análise da subjetividade, pois constitui o efetivo exercício da palavra dentro da organização. Essa palavra circula e se atualiza em, no mínimo, duas grandes situações de comunicação, a saber:

a) **As situações monolocutivas**: representadas pela comunicação institucional interna e externa, por meio de suporte escrito, visual ou eletrônico (boletim ou jornal impresso, circulares, relatórios, ofícios, memorandos, correio eletrônico, correspondência comercial, publicidades etc.); sua característica é ser uma situação em que a instância de recepção do discurso não se encontra presente no momento de sua produção e assume a posição de destinatário da mensagem. A instância de produção do discurso busca representar esse destinatário como seu leitor ideal, heterogêneo na realidade, tornando-o o mais homogêneo possível por meio de sua figuração em **destinatário ideal** (corpo de funcionários, parceiros da organização, clientes potenciais etc.). Por conseguinte, as comunicações produzidas nesse tipo de situação trazem um forte **componente retórico**.

b) As **situações interlocutivas**: representadas pelas diferentes interações face a face, a dois ou mais participantes, formais ou informais (interações horizontais e verticais entre funcionários, reuniões, assembleias etc.); sua característica é ser uma situação em que locutor e interlocutor se encontram presentes na cena da enunciação, podem reagir às enunciações do outro no mesmo tempo e espaço, o que torna dinâmico o processo de interação e de produção de representações. Essas situações trazem, por sua natureza dialogal, um forte **componente dialético**.

As situações monolocutivas: produção de um discurso com interlocutor *in absentia*

Não é difícil notar que as duas grandes situações de comunicação diferem radicalmente. As situações monolocutivas produzem mensagens vinculadas diretamente a uma direção central e, nesse sentido, exprimem os pontos de vista da direção central (diretoria-geral, diretoria de marketing, diretoria de recursos humanos etc.). A organização dessas mensagens e seus modos de produção e de circulação dependem da estrutura organizacional. O modo mais tradicional tende a separar a diretoria de marketing, responsável pela comunicação externa, da diretoria de recursos humanos, que fica responsável pela comunicação interna. Essa separação tem como base uma questão discursiva fundamental: os destinatários das mensagens e a sua intencionalidade. O destinatário da comunicação externa pode compreender os acionistas, os parceiros comerciais e institucionais e os clientes (efetivos ou potenciais). A complexidade desse tipo de comunicação é proporcional à das representações que se pode ter da identidade, dos interesses e dos perfis de cada um desses grupos de destinatários externos. Assim, a identidade e os interesses dos acionistas e investidores reclamam uma comunicação objetiva de caráter informativo (relatórios diversos), bem como uma comunicação subjetiva de caráter argumentativo (predições, probabilidades de ganho futuro, metas, investimentos etc.). Por parceiros entendem-se fornecedores, instituições, associações e outras organizações com as quais se mantêm relações produtivas, comerciais, fiscais ou regulamentares, inclusive o *lobby*. Já os clientes são objeto constante de comunicação argumentativa persuasiva, por meio da comunicação publicitária que apresenta um duplo imaginário: um **imaginário de publicidade**, que liga seus procedimentos de codificação de mensagem à técnica e à formação publicitária, e também à história da arte, do cinema, da fotografia e da imagem em geral; e um **imaginário social**, na medida em que a publicidade busca representar as formas e o modo de vida de grupos sociais, resultando, com bastante frequência, em representações estereotipadas. Seja qual for o destinatário da comunicação externa, sua característica monolocutiva a situa em uma problemática representacional do discurso, pois remete a um trabalho de pré-validação e de representação das identidades do público-alvo, que não participa diretamente, nesse caso, da construção da mensagem. Trata-se de imaginar um leitor à distância e de torná-lo o mais homogêneo possível pela representação discursiva e pela eliminação de sua heterogeneidade real.

Já a comunicação interna sofre de um mal menor (mas um mal menor é sempre um mal melhor?), já que seus destinatários participam da organização (são funcionários) e são, em teoria, abordáveis e de acesso mais fácil para o produtor da comunicação. Isso, no entanto, não retira desse tipo de comunicação sua complexidade. Direcionada geralmente a uma comunicação de cunho gerencial, de um lado, e social, de outro, esse tipo de comunicação tem a característica de proximidade, de busca de coesão interna e de divulgação das ações, metas, novidades e personalidades da organização, resultando, como no caso dos boletins e jornais internos, em uma espécie de "celebração comunitária" com o objetivo de reforço das representações positivas sobre a organização e sua cultura, bem como da eficácia de suas ações. Trata-se, sem dúvida, de um território fascinante para os estudos discursivos, sobretudo aqueles associados a uma psicologia social das organizações. Também é um material precioso para a análise da retórica epidítica, aquela voltada a celebração e reforço de vínculos e valores comunitários.

As situações interlocutivas e sua estrutura dialética: interlocutores *in praesentia*

Pode-se imaginar um conjunto vasto de interações que se vinculam às situações interlocutivas, das mais formalizadas e institucionalizadas às mais informais e fora de qualquer controle da organização, cada uma com uma estrutura conversacional e dialogal própria de consequências variadas. Os rumores e boatarias, por exemplo, fazem parte dessas interações informais, mas que são de grande relevância. É sabido que rumores e boatarias não devem ser desprezados dentro da estratégia de comunicação da organização, pois são mensagens que circulam entre o pessoal e representam sintomas importantes para a compreensão do ambiente interno. De modo geral, rompem com a estrutura hierárquica (que delimita o dizer oficial dentro da organização) e fazem chegar aos ouvidos da própria hierarquia mensagens que podem ser estratégicas para a organização e para sua comunicação interna.

As reuniões constituem uma estrutura interacional multiparticipante. São estruturas formais em que o componente dialético é particularmente importante. Em diferentes níveis, elas permitem a argumentação, a demonstração, a persuasão, a complementaridade das ideias em busca da deliberação e o reforço das representações e dos vínculos internos. Em sua forma dialética mais ideal, a reunião caracteriza-se por ser uma discussão **heurística**, por meio da qual cada um contribui para melhorar a compreensão dos processos e problemas envolvidos na pauta e atingir os objetivos comuns. Sabe-se, no entanto, que ao ideal heurístico da reunião podem se juntar as atitudes **erísticas**, próprias ao imaginário de concorrência interindividual que habita toda organização. As atitudes erísticas estão voltadas para o ganho pessoal e podem desprezar os bons argumentos e as boas ideias de um participante em proveito de objetivos pessoais relacionados com as disputas individuais internas. Para analisar a estrutura possível de uma reunião, a título meramente ilustrativo, serão utilizados os princípios de análise da construção interacional de pontos de vista fundamentados em Rabatel (2005). O funcionamento interacional pode ser analisado com base nas atitudes enunciativas de cada participante e no valor dos pontos de vista expressos durante uma reunião como a apresentada a seguir, com quatro participantes.[3]

> *Locutor 1 (L1)*: *Chamei esta reunião porque há um problema delicado na empresa e não podemos deixar para depois, precisamos resolver agora.*
>
> *Locutor 2 (L2)*: *Este é um verdadeiro problema, sem dúvida, que não nos deixa outra opção senão resolvê-lo já.*
>
> *Locutor 3 (L3)*: *Este problema é delicado demais, um verdadeiro problema, por isso acho que não devemos tratá-lo agora, mas deixá-lo para outra ocasião.*
>
> *Locutor 4 (L4)*: *Não fosse o seu caráter delicado, eu concordaria em discuti-lo agora, mas acho melhor deixar esse problema pra depois, pois é um verdadeiro problema.*

a) Ponto de vista (PDV) de L1 sobre um objeto abre a discussão e expressa um ponto de vista. (PDV1: *O problema é delicado e,*

---

[3] Em sua Teoria da Argumentação na Língua, Ducrot busca mostrar que o sentido de um segmento (como "problema", que ele mesmo tratou) não está na informação que o próprio segmento traz, mas no encadeamento discursivo em que ele se encontra e nos demais encadeamentos que ele evoca, como é o caso do segmento "problema" (sentido 1: Trata-se de um problema que exige tratamento imediato, não pode ser negligenciado; sentido 2: trata-se de um problema que merece ser tratado depois, por precaução ou outra razão). Aqui, sirvo-me do problema para outra finalidade, a de exemplificar uma situação possível de construção interacional de pontos de vista em uma reunião. Sobre a teoria de Ducrot, remeto o leitor a uma bibliografia nas referências deste capítulo.

por isso, devemos resolvê-lo já.) L1 é o coordenador da reunião e está no topo da hierarquia.

b) PDV de L2 é coorientado sobre o ponto de vista de L2. L2 torna-se, assim, um **subenunciador** de L1, que passa a figurar como **sobre-enunciador** (PDV= PDV1).

c) PDV de L3 é antiorientado sobre o ponto de vista de L1 e de L2, formando um novo ponto de vista sobre o objeto de discussão. (PDV2: *O problema é delicado demais e, por isso, não devemos resolvê-lo agora, mas deixar para outra ocasião.*)

d) PDV de L4 é coorientado sobre o ponto de vista de L3 e antiorientado, por consequência, sobre os pontos de vista de L1 e L2. L4 torna-se, assim, **subenunciador** de L3, que passa a figurar como **sobre-enunciador** (PDV=PDV2#PDV1).

Suponha-se agora que L1, por estar no topo da hierarquia, delibere a favor de seu próprio PDV, optando pela discussão do problema e prosseguindo a reunião, após obter a anuência final de todos. A reunião prossegue com todos os demais locutores (L2, L3 e L4) aceitando orientar seus PDVs sobre o PDV de L1 (o chefe), tornando-se subenunciadores de L1, que passa a figurar, ao final, como o único sobre-enunciador dessa fase da reunião. PDV1 se torna dominante. Trata-se de uma situação interlocutiva banal nas organizações que nos permite refletir sobre o problema da construção da discussão e do diálogo por meio de seu funcionamento enunciativo, ou seja, dos pontos de vista. Permite-nos, ainda, uma reflexão sobre a influência dos estatutos sociais e das identidades dos sujeitos sobre a tomada de decisão. As três dimensões do sujeito se juntam: a dimensão situacional (estatutos e identidades); a dimensão enunciativa (enunciadores e pontos de vista); e a dimensão interdiscursiva, cuja voz de verdade evoca na situação um imperativo cultural (o imaginário do poder hierárquico, o reconhecimento da legitimidade e uma voz que diz até onde cada um pode impor e expor seu próprio dizer e seus próprios pontos de vista sem sanção eventual).

Não será prolongada a análise das diferentes situações de comunicação e suas características particulares, pois são numerosas e multiformes como os sujeitos que interagem. Vale apenas ressaltar a importância que um trabalho de análise dos processos interdiscursivos, situacionais e enunciativos pode ter para uma melhor compreensão do funcionamento comunicacional nas organizações.

Referências

BANGE, P. *Analyse conversationnelle et théorie de l'action*. Paris: Les Éditions Didier, 1992.

CHARAUDEAU, P. *Langage et discours*. Paris: Hachette, 1983.

DUCROT, O. *O dizer e o dito*. Campinas: Pontes, 1987.

_____. Argumentação retórica e argumentação linguística. In: *Letras de hoje*. Porto Alegre, v. 44, n. 1, p. 20-25, jan./mar. 2009.

GOFFMAN, E. La communication en défaut. In: *Actes de la recherche en Sciences Sociales*, Paris: Seuil, n. 100, 1993.

HALL, S. *A identidade cultural na pós-modernidade*. 6. ed. Rio de Janeiro: DP&A, 2001. (Tradução de Tomás Tadeu da Silva e Guaracira Lopes Louro)

KERBRAT-ORECCHIONI, C. *Les interactions verbales*. Paris: Armand Colin, 1998.

MAINGUENEAU, D. Hyperénonciateur et particitation. In: *Langages*, n. 156. Paris: Armand Colin, 2004.

MASI, D. de. *O ócio criativo*. Rio de Janeiro: Sextante, 2000.

MEAD, G. *Espíritu, persona y sociedad* (Mind, Self and Society). México: Paidós, 1993.

PÊCHEUX, M. *Semântica e discurso*: uma crítica à afirmação do óbvio. 3. ed. Campinas: Editora da Unicamp, 1997. (Tradução de Eni P. Orlandi).

RABATEL, A. La part de l'énonciateur dans la construction interactionnelle des points de vue. In: *Marges Linguistiques*, n. 9, maio 2005.

ROBBINS, S. *Comportamento organizacional*. 9. ed. São Paulo: Prentice Hall, 2002.

COMUNICAÇÃO, CULTURA E INTERAÇÃO NAS ORGANIZAÇÕES

Rudimar Baldissera

O fato de que a noção de organização pressupõe a de comunicação parece evidente. Pode-se, inclusive, afirmar que a comunicação é condição para a existência de uma organização. Em outras palavras, é em comunicação que os sujeitos relacionam-se para constituir organização à medida que, também, articulam-se em diálogos (BAKHTIN, 1999) – em diferentes relações de poder. Isso para estabelecerem e comunicarem os objetivos organizacionais, trabalharem, realizarem-se como sujeitos, disputarem e construírem significação, formarem cultura, comunicarem e fazerem reconhecer a organização como legítima.

Nesse sentido, com o objetivo de melhor compreender as organizações, seus processos de constituição e desenvolvimento, sob o prisma da comunicação e da cultura organizacional, importa refletir sobre a noção de sujeito e como ele se realiza nas organizações, em diferentes processos de interação, relações de força, subjetividades. Da mesma forma, com base nas atuais reflexões no campo da comunicação, é fundamental atentar para o fato de que se, por um lado, a noção de comunicação pressupõe sujeitos que se realizam como forças em relação de diálogo, por outro, no ambiente[1] organizacional, os processos comunicacionais, particularmente

---

[1] O ambiente "não é uma simples coisa inerte. Certamente, é composto de espacialidade: são os lugares, os monumentos, as ruas, mas, ao mesmo tempo [...], esses lugares possuem um gênio, o *genius loci*. Esse gênio lhes é dado por construções imaginárias, sejam elas contos e lendas, memórias escritas ou orais, descrições romanescas ou poéticas. É tudo isso que faz com que o estático espacial se anime e anime, *stricto sensu*, dá-se-lhe vida e ele vivifica" (MAFFESOLI, 1995, p. 116).

a fala autorizada, parecem sempre ser atravessados por estratégias discursivas que, mesmo quando se apresentam sob a designação de democráticas – participativas –, tendem a privilegiar as falas que convergem para os valores organizacionais em detrimento daquelas que os questionam. Assim, sob o atual paradigma da gestão organizacional que se fundamenta na estratégia, orienta para a gestão da cultura, busca suporte nos processos organizados e ordenados, prioriza a estabilidade e afirma ter no gerenciamento da informação e do conhecimento a possibilidade de experimentar ambientes de certezas (mesmo quando o contexto é de incertezas), assume visibilidade a fala que reafirma a ordem posta.

A comunicação organizacional, porém, não se reduz à fala autorizada, aos processos formais. Também irrompe como possibilidades de expressão, que podem ser de resistência, cooperação, subversão, ou, simplesmente, como forma de expressar subjetividades sob a perspectiva do saber-fazer[2] (CERTEAU, 1994). Trata-se da complexidade dos processos comunicacionais, que, para além da dimensão da "organização comunicada" (processos formais, planejados, fala autorizada, aquilo que a organização seleciona de sua identidade para que, estrategicamente, assuma visibilidade), potencializam-se em "organização comunicante" e "organização falada" (BALDISSERA, 2009b).

É importante destacar que a dimensão "organização comunicante" compreende a dimensão "organização comunicada" e, ultrapassando seus contornos e suas possibilidades, também contempla toda comunicação que se materializa cada vez que algum sujeito, de alguma forma e em algum nível, estabelecer relação (diretamente) com a organização. Mesmo quando não há intenção de a organização comunicar, se o sujeito em relação com ela atribuir sentido a algo (dela) e considerar que se trata de comunicação, então será comunicação.[3] A dimensão da "organização falada" (BALDISSERA, 2009b), por sua vez, compreende a comunicação que tem a organização como referência, mas que se atualiza de pro-

---

[2] Certeau (1994) reflete sobre a "arte do fazer" do "homem ordinário", em seu lugar de trabalho. Afirma que o sistema dado, seja uma língua ou uma ordem estabelecida, é tomado pelo homem ordinário e pode ser utilizado segundo um fazer particular e conformado com a ocasião. Como exemplo, discorre sobre o "saber-fazer" dos operários que, nos lugares de trabalho, trapaceiam com vistas à invenção (com sucata) de produtos gratuitos, significando unicamente um "saber-fazer pessoal". Para isso, tendem a contar com a cumplicidade dos colegas, o que põe em xeque a concorrência fomentada pela fábrica, golpeando, assim, a ordem estabelecida e reintroduzindo as "táticas populares". As táticas populares tomam a ordem efetiva das coisas e a desviam para seus próprios fins, porém, sem a ilusão de que, necessariamente, a ordem mude proximamente. Daí que o uso manipulatório que o homem ordinário faz da ordem estabelecida nem sempre visa a um afrontamento consciente ao sistema; muitas vezes procura afirmar um "saber-fazer" pessoal.
[3] Consiste em um uso "ampliado" da compreensão de que em situações de presença é impossível não comunicar, conforme Watzlawick; Beavin; Jackson (1993) e Eco (1997), dentre outros.

cessos indiretos, ou seja, os sujeitos que se referem à organização, na ocasião dos processos comunicacionais, não estão em relação direta com ela, mas falam sobre ela, em diferentes ambientes externos (reuniões de bairro, conversas de bar, relações familiares, encontros festivos, colegas de trabalho durante a prática de algum esporte, conversas em chats, redes sociais, blogs etc.).

A perspectiva de comunicação organizacional que se assume nesta reflexão considera essas três dimensões tensionadas e que os processos que se realizam em cada uma delas tendem a incidir, em algum nível e de alguma forma, sobre os processos das outras dimensões, seja no sentido de influenciá-los, neutralizá-los, perturbá-los e/ou potencializá-los.

Sujeitos e cultura

Refletir sobre as organizações requer, antes, pensar os sujeitos que interagem para constituir organização. Assim, considerando-se que a realidade é socialmente construída (BERGER; LUCKMANN, 2003) e que a cultura – compreendida como teia de significados tecida pelo homem e à qual ele se prendeu (GEERTZ, 1989) – é resultado dessa construção, tem-se que os sujeitos são fortemente marcados pela cultura desde que nascem (e antes disso).

Pode-se dizer que, com variados graus de influência, a cultura do grupo inocula-se nos sujeitos que o constituem. De acordo com Morin: "O *imprinting*[4] cultural inscreve-se cerebralmente desde a mais tenra infância pela estabilização seletiva das sinapses, inscrições iniciais que marcarão irreversivelmente o espírito individual no seu modo de conhecer e agir" (MORIN, 2002, p. 30). O *imprinting* cultural apresenta-se como força que se exerce no sentido de impedir e/ou eliminar tudo aquilo que, de alguma forma, for divergente da teia de significados que fora construída por seu grupo social. Consiste em algo como força coercitiva, normalizadora e normatizadora para o conhecer, o compreender, o conceber e o atuar sob o âmbito dessa cultura específica. Tende a exercer-se como modelar, ditando verdades, naturalizando processos, inibindo dúvidas, questionamentos e os pontos de vista contrários/desviantes. À medida que os sujeitos assumem – têm impressa – tal rede de significação,

---

[4] O *imprinting* é um termo que Konrad Lorentz propôs para dar conta da marca incontornável imposta pelas primeiras experiências do jovem animal, como o passarinho que, ao sair do ovo, segue como se fosse sua mãe, o primeiro ser vivo ao seu alcance" (MORIN, 2002, p. 29).

prendem-se a ela e a experimentam, entre outras coisas, como autorregulação, inclinando-se a reproduzi-la.

No entanto, diferentemente do que possa parecer, isso não significa que os sujeitos sejam "tábuas rasas" em que tudo possa ser inscrito. Vale atentar para o fato de que, como sistemas vivos, somente podem ser perturbados pelo entorno, mas não podem ser determinados por ele (CAPRA, 2002). Esse autor afirma que sob o ponto de vista do processo, os sistemas vivos são cognitivos e ligam-se intimamente ao padrão de autopoiese.[5]

Desse modo, os sujeitos, apesar de sua dependência sistêmica (biológica, cultural e social, entre outras), são dotados de capacidade de auto-organização.

Há, então, possibilidades de resistências e desvios. Sujeitos de um grupo sociocultural podem realizar (re)interpretações dos mesmos eventos com diferentes nuances de significação, pois a experiência de cada um é atravessada e maculada, entre outras coisas, por suas competências cognitivas, seu processo histórico específico, seu repertório, seu estado psíquico, seu sistema fisiológico, seu domínio linguístico e cultural, seus diversos níveis de saber e suas memórias. Nessa direção, de acordo com Morin: "[...] o conhecimento de cada indivíduo alimenta-se de memória biológica e de memória cultural, associados em sua própria memória, que obedece a várias entidades de referência, diversamente presentes nela" (2002, p. 21). Assim, para esse autor, o determinismo biológico pode ser flexibilizado pela memória e pelos recursos socioculturais, e o determinismo cultural, pela aptidão bioantropológica para organizar conhecimento.

Diante disso e considerando a ideia de a cultura ser uma teia de significação (re)tecida pelos sujeitos, parece possível dizer que tais sujeitos não apenas são construídos pela cultura, mas têm potência para, em seus processos interativos, recursivamente (MORIN, 2001), (re)construir a cultura. Observa-se que a compreensão de os sujeitos tecerem a cultura pressupõe processo histórico e um ambiente/contexto. E, sob a ideia de teia, como estrutura (ao mesmo tempo elástica e muito resistente) articulada às estruturas de outros sistemas e subsistemas, ao se considerarem as interseções de fios necessárias à estruturação dessa trama, presentificam-se as relações de força atualizadas pelos sujeitos que interagem em/para sua tessitura. As interseções/os nós podem ser pensados como tensionamentos de forças, que, ao mesmo tempo, tendem a manter e a reproduzir a ordem

---

[5] "A dinâmica da autogeração foi identificada como uma das características fundamentais da vida pelos biólogos Humberto Maturana e Francisco Varela, que lhe deram o nome de **autopoiese** (literalmente, **autogeração**). [...] A definição de um sistema vivo como rede autopoiética significa que o fenômeno da vida tem de ser compreendido como uma propriedade do sistema como um todo" (CAPRA, 2002, p. 27) (grifos do autor).

posta, e também a ser lugar para que os sujeitos negociem, disputem, resistam, inaugurem, gerem imaginários, deem vazão às sensações, à dúvida e à desordem; lugar para a produção de nova ordem, (re)organização. Significa dizer que, interagindo na/sobre a cultura, os sujeitos transformam-se e a transformam.

Então, apesar de todas as restrições (psíquicas, sociais, culturais, biológicas, contextuais etc.), existem fissuras para que as subjetividades se realizem. Como bem ressalta Morin, "os indivíduos não são todos, e nem sempre, mesmo nas condições culturais mais fechadas, máquinas triviais obedecendo impecavelmente à ordem social e às injunções culturais" (MORIN, 2002, p. 26). Observe-se que o excesso e/ou a falta de significação – adequações de sentido – que cada sujeito "reconhece em" e/ou "atribui a" algo, com base, entre outros, em seus saberes prévios, contexto/paradigma e estado ecopsicossociofisiológico, fazem com que se sinta interpelado e interpele a cultura de formas diversas. Tal repertório, construído pelo sujeito em processos intra e inter-relacionais, ao (re)incidir sobre suas próprias construções ideárias, imaginário e procedimentos, tenderá a forçá-lo a manifestar-se em diferentes graus de tensão com o complexo cultural. Assim, é provável que o sujeito, no nível das manifestações simbólicas, consciente ou inconscientemente, realize estratégias para também contemplar:

> a) a sua necessidade de sobrevivência – sentido de não anulação frente ao cultural; b) o seu desejo de participar e de pertencer à cultura; c) o prazer que pode sentir por (re)criar e/ou resistir e rejeitar a cultura; d) a sua necessidade de experimentar, de sentir-se 'vivo', de transformar-se e/ou adaptar-se; e) o seu querer-fazer; f) a sua necessidade e qualidade de ser dialético/dialógico (BALDISSERA, 2004, p. 53-54).

Um sujeito – vivo – que se autoexo-organiza em permanentes processos interativos.

Cultura organizacional, líderes e exercícios de poder

A este ponto, atentando-se em particular para a cultura organizacional, na perspectiva do princípio hologramático, segundo o qual "a parte não somente está no todo; o próprio todo está, de certa maneira, presente na parte que se encontra nele" (MORIN, 2002, p. 101) e, sendo a cultura organizacional um subsistema (parte) da cultura (todo), pode-se dizer que a reflexão que se realizou sobre sujeitos e cultura também é válida para o âmbito das organizações, uma vez que, de acordo com o autor, no interior da organização "jogam as leis de toda a sociedade" (MORIN, 2001, p. 128).

Nessa direção, se é possível concordar com Schein (2009) sobre o fato de que os líderes organizacionais são a principal força na constituição das culturas, seja no início de uma organização, seja em seus processos adaptativos e redimensionamentos, importa ressaltar, conforme o autor, que esses líderes impõem seus "próprios valores e suposições" ao grupo organizacional. A relevância de se atentar para essa questão está no fato de que esses "seus valores e suposições" nada mais são do que os valores e suposições dos grupos socioculturais a que tais líderes pertencem/pertenceram. Portanto, se é possível dizer que tais líderes têm potência e poder – econômico, hierárquico, simbólico (BOURDIEU, 1998), pelo saber (FOUCAULT, 1996) – para direcionarem a tessitura da cultura organizacional, orientando e/ou impondo valores e firmando suposições (exercitando poder), é imprescindível que se mantenha presente a compreensão de que tais escolhas e direcionamentos foram, de alguma forma e em algum nível, prescritos pela teia de significação (cultura – todo) a que se prenderam como sujeitos.

Nesse sentido, parece fértil compreender o líder (e seu lugar de líder) como da qualidade do instituído no processo organizativo – pela organização, pelo grupo –, atentando-se para o fato de que, segundo Bourdieu, "o ato de instituição é um ato de comunicação [...]" que "notifica alguém sua identidade, quer no sentido de que ele a exprime e a impõe perante todos [...], quer notificando-lhe assim com autoridade o que esse alguém é e o que deve ser" (BOURDIEU,1996, p. 101). Sanciona uma identidade, um estado de coisas, uma ordem que é comunicada para que seja conhecida e reconhecida. Assim, o autor afirma que instituir é "[...] o mesmo que impor um direito de ser que é também um dever ser (ou dever de ser). É fazer ver a alguém o que ele é e, ao mesmo tempo, lhe fazer ver que tem de se comportar em função de tal identidade" (BOURDIEU, 1996, p. 100). Desse modo, ao assumir o lugar de líder, na organização, o sujeito não apenas precisa exercer poder no sentido de orientar os processos, senão que os liderados esperam que ele o faça. Parece que a qualidade da liderança, dessa forma, está intimamente articulada aos imaginários de líder/liderança que os sujeitos construíram, bem como às teias de significados (cultura – todo) de que são portadores.

Então, uma vez instituídos, é provável que os líderes desempenhem forte influência na formação da cultura organizacional. No entanto, isso não significa a anulação dos demais sujeitos que se inter-relacionam para a constituição da organização e, como decorrência, a constituição da cultura organizacional. Como se disse, os sujeitos encontram maneiras para realizar suas subjetividades.

Da mesma forma, é possível pensar que a cultura (todo) de que os líderes são portadores, particularmente no princípio das organizações, também influencia fortemente o valor e o lugar que os próprios sujeitos e os processos comunicacionais têm/assumem para a organização, isto é, orienta os relacionamentos, as possibilidades de manifestações dos diferentes sujeitos, os lugares onde podem se expressar e os temas sobre os quais podem discorrer, o grau de criatividade e inovação permitida (considerando o fomento e/ou as resistências), a qualidade da comunicação que é materializada (formal e informalmente) e o quanto esses aspectos podem auxiliar para que os objetivos organizacionais sejam atingidos. Além disso, também prescreve as possíveis sanções aos "transgressores".

Comunicação e interações nas organizações

Com base na reflexão até aqui realizada, como pensar as interações e os processos comunicacionais materializados pelos sujeitos nas organizações? Primeiramente, importa dizer que, por comunicação organizacional, compreende-se o "processo de construção e disputa de sentidos no âmbito das relações organizacionais" (BALDISSERA, 2008, p. 169).[6] Isso significa, como se disse com base nas reflexões de Morin (1996, 2001, 2002) e Capra (2002), que os sujeitos não são determinados; são autônomos e dependentes de outros sistemas – aos quais estão ligados – seus construtores e construções. Nesse sentido e compreendendo que o todo é uma realidade complexa, isto é, em que, de alguma forma e em algum nível, tudo se liga e tem a ver com tudo, formando o *complexus* – "o que é tecido em conjunto" (MORIN, 2001, p. 20), comunicar-se é realizar-se como força em relação com outros sujeitos. Força à medida que, segundo Foucault (1996), toda relação é relação de forças e, nesse caso, trata-se de relações de sujeitos em disputa de sentidos. Nessa direção, importa observar o fato de que cada sujeito fala e interpreta considerando seu lugar sociocultural, pois que é portador da teia de significação do grupo ao qual pertence.

---

[6] A reflexão sobre a noção de comunicação, sob esse viés, foi apresentada em Baldissera (2000) e reapresentada e aprofundada em 2004. Como desdobramentos, a compreensão de comunicação organizacional, nela fundamentada, foi desenvolvida em trabalhos posteriores, como os publicados em 2008, 2009a, 2009b, 2010a e 2010b, dentre outros.

De acordo com Bakhtin, "qualquer enunciação, por mais significativa e completa que seja, constitui apenas uma fração de uma corrente de comunicação verbal ininterrupta", e essa, "apenas um momento na evolução contínua, em todas as direções, de um grupo social determinado" (BAKHTIN, 1999, p. 123, grifo do autor). Afirma, assim, que o signo (compreendido e dotado de significação) e o enunciado atualizam-se de modo interdependente de um "antes" e de um "depois" sociocultural, como partes da comunicação contínua em que a palavra é o produto da interação entre os interlocutores, servindo-lhe de expressão. Então, os atos de fala, segundo o autor, não são originais, pois que se vive um mundo já-habitado, já-significado, já-articulado, já-falado, mesmo sabendo-se que essas representações e manifestações não possam ser pensadas como definitivas. Conforme Bakhtin, enunciar é estabelecer diálogo: "cada palavra se apresenta como uma arena em miniatura onde se entrecruzam e lutam os valores sociais de orientação contraditória. A palavra revela-se, no momento de sua expressão, como o produto de interação viva das forças sociais" (BAKHTIN, 1999, p. 66). Portanto, a enunciação não pode ser definida como resultado exclusivo das condições psicofisiológicas do sujeito enunciador.

Nessa perspectiva, importa pensar que as organizações compreendem diferentes possibilidades de relação e interação, dependendo da cultura organizacional, particularmente, dos valores e pressupostos, conforme se destacou. Todavia, para melhor compreender a complexidade desses processos e a impossibilidade de determinação, é preciso articular essa questão ao *complexus* dimensões da comunicação organizacional (organização "comunicada", "comunicante" e "falada" – três dimensões tecidas juntas).

Sob o prisma da organização comunicada que, conforme se disse, compreende a fala autorizada, planejada, é provável que os valores e pressupostos organizacionais tendam a se exercer de forma mais intensa, imprimindo suas marcas de modo a prescrever as materializações que podem e devem ser realizadas pelos diferentes sujeitos. Assim, culturas que, também, assumem valores hierárquicos muito rígidos – em que a criatividade e as críticas não são valores, em que os sujeitos são tratados como objetos, em que o medo é o motor para a produção, o silêncio e o comportamento dócil – tendem a apresentar processos formais que alijam as subjetividades, inclinam-se a restringir os processos de interação aos sujeitos dos níveis hierárquicos mais elevados, potencializam os sistemas informativos, desestimulam os processos dialógicos, ampliam as zonas de visibilidade e controle, criam e aplicam sanções "dolorosas" o suficiente para evitar os questionamentos e o não cumprimento das normas.

No entanto, quando se articula a dimensão da organização comunicada com a da comunicante, por mais rígida e autoritária que seja a organização, pode-se afirmar que, de alguma forma, as subjetividades encontrarão lugar para se realizar, resistir e/ou subverter a ordem posta. Nesse sentido, é relevante observar que, de acordo com Morin, toda e qualquer ação empreendida por um indivíduo (neste caso, por uma organização) desde o seu princípio "[...] começa a escapar às suas intenções. Esta ação entra num universo de interações e é finalmente o meio que a agarra num sentido que pode tornar-se contrário à intenção inicial" (MORIN, 2001, p. 117-118).

Considerando a possibilidade de os sujeitos serem provenientes de diferentes grupos socioculturais, é provável que sejam portadores de teias de significação que apresentam, nas organizações, diferenças significativas. Será desses lugares que os sujeitos se exercerão como forças em relação/interação para a construção e disputa de sentidos. Então, podem se realizar como forças geradoras de desvios, expropriações, explorações, mistificações; podem acionar processos criativos, níveis mais elevados de consciência; podem cometer equívocos interpretativos e, ainda, empregar táticas do saber-fazer etc., de modo que os sentidos propostos, por mais rígidos que sejam os controles da organização comunicada, podem experimentar elevados graus dispersivos frente às intenções organizativas da fala autorizada. Em direção semelhante, é possível que os sujeitos não se identifiquem com dada cultura na organização e, no caso de precisarem se manter nela, realizem representações cínicas (GOFFMAN, 1975) para gerar impressões favoráveis a si, enquanto for necessário, em vez de entrar em relação de choque.

Por sua vez, organizações com culturas mais flexíveis – perspectiva de serem mais democráticas –, no sentido de apresentarem espaços para que a crítica seja realizada, de perceberem as diferenças como combustível para o desenvolvimento dos sujeitos e da própria organização, de pressuporem que a razão de existir de qualquer organização exige que seja socialmente legítima e responsável, de valorizarem a criação e a inovação e de respeitarem as manifestações das subjetividades, provavelmente se caracterizarão pela comunicação ampla e verdadeira, por elevados níveis de interação, pelo diálogo, pela competência adaptativa e pelos processos colaborativos. Diante dessa potência comunicativa no âmbito da organização comunicada, é provável que as resistências saiam das zonas de escuridão, dos "porões" organizacionais, e sejam manifestas nos lugares de visibilidade em forma de críticas, sugestões, ideias, podendo resultar em inovação.

A possibilidade e a efetividade de os sujeitos questionarem a ordem posta (não basta apenas ser possível e existirem os espaços, é necessário que, de fato, as manifestações se materializem), com base em suas próprias redes de significação, imaginários, objetivos, subjetividades e expectativas, e não serem punidos por isso, significa a legitimação, na organização, dos processos de diálogo (BAKHTIN, 1999) e o dialógico (MORIN, 2001). Observa-se que, de acordo com Morin, o princípio dialógico compreende a "associação complexa (complementar, concorrente e antagônica) de instâncias necessárias **junto** à existência, ao funcionamento e ao desenvolvimento de um fenômeno organizado" (MORIN, 2001, p. 201, grifo do autor). De modo a manter a dualidade sob o seio da unidade, o princípio dialógico associa/une termos do tipo organização/desorganização, ordem/desordem, vida/morte, *sapiens/demens*.

Tem-se, pois, que toda organização mantém em seu seio a desorganização que, de maneira geral, sob as tradicionais teorias administrativas, tende a ser negada. No entanto, se em, pelo menos, alguns dos subsistemas organizacionais (neste caso específico, os subsistemas: comunicação [interações], cultura, gestão) essa natureza complexa for reconhecida e compreendida, como se disse, além de legitimar os processos de diálogo e o dialógico, tem-se que sua potência poderá ser usufruída no sentido de alcançar níveis mais elevados de: qualidade de vida na organização; realização no trabalho; redução de doenças; sustentabilidade ecossistêmica; clima organizacional positivo; sujeitos predispostos a colaborarem entre si; interação; e inovação, que, em conjunto, tenderão a se traduzir, também, em desenvolvimento qualificado para a própria organização, capacidade de adaptação e ampliação em seu tempo de permanência no mercado, capital simbólico e imagem-conceito positiva.

Se a ordem, como regularidade e previsibilidade, materializada no cotidiano organizacional em programas, burocracia e planejamento, é fundamental, pois "aplica regras impessoais validadas para todos e assegura a coesão e a funcionalidade da organização" (MORIN, 2001, p. 131), mas que, distanciando-se do racional, pode, perigosamente, constituir-se em simples instrumento decisório, a desordem (irregularidade e desvio), que se manifesta pelas liberdades e imprevistos, é, por sua vez, conforme defende Morin, a possibilidade de criação, inovação, evolução. Na ordem, a desordem. A ordem – que se fundamenta, ainda, na cultura organizacional – proporciona a necessária estabilidade para impedir o caos, reduzir os índices de ansiedade frente ao novo, garantir integridade ao grupo e certa regularidade. Por sua vez, a desordem é o combustível para os processos criativos, a realização das subjetividades, os processos interativos, as disputas de sentidos, os processos adaptativos, de modo que, pela desordem, as organizações não se tornam obsoletas, velhas, cristalizadas.

Por fim, importa ressaltar que os sujeitos, ao interagirem, não apenas transformam a cultura organizacional, a organização, pois que geram níveis de desordem, desorganização, mas são transformados por ela. Portadores de cultura exercem-se como forças sobre a cultura organizacional (e a de seus colegas de trabalho), sendo que, a um só tempo, podem corroborar a ordem posta e perturbá-la de modo a exigir sua reorganização. Isso pode ser percebido como um problema para organizações e sujeitos que não conseguem compreender (ou não querem ou acreditam ser mais cômodo permanecer na ilusão da estética do organizado) essa natureza complexa dos sistemas organizacionais, ou pode ser assumido como força/potência para o desenvolvimento criativo e sustentável da organização.

Essas tensões e disputas, mediante processos interativos e comunicação – nas três dimensões –, fazem com que a teia de significados – como sistema vivo – seja permanentemente perturbada de modo a exigir que se reorganize. Dessa maneira, as interações que os sujeitos realizam não apenas servem para que os sujeitos, em algum nível, ajustem-se ao grupo/organização, mas, ainda, são uma das condições de existência da própria organização, pois que, também, evitam sua estagnação.

Referências

BAKHTIN, M. *Marxismo e filosofia da linguagem*: problemas fundamentais do método sociológico na ciência da linguagem. 9. ed. São Paulo: Hucitec, 1999.

BALDISSERA, R. *Comunicação organizacional*: o treinamento de recursos humanos como rito de passagem. São Leopoldo: Unisinos, 2000.

_____. *Imagem-conceito*: anterior à comunicação, um lugar de significação. Porto Alegre: PUCRS, 2004. Tese (Doutorado em Comunicação Social). Pontifícia Universidade Católica do Rio Grande do Sul, Porto Alegre, 2004.

_____. Uma reflexão possível a partir do paradigma da complexidade. In: OLIVEIRA, I. de L.; SOARES, A. T. N. *Interfaces e tendências da comunicação no contexto das organizações*. São Caetano do Sul: Difusão, 2008. p. 149-177.

_____. A teoria da complexidade e novas perspectivas para os estudos de comunicação organizacional. In: KUNSCH, M. M. K. (org.). *Comunicação organizacional*: histórico, fundamentos e processos. v. 1. São Paulo: Saraiva, 2009a. p. 135-164.

_____. Comunicação organizacional na perspectiva da complexidade. In: *Organicom:* Revista Brasileira de Comunicação Organizacional e Relações Públicas. São Paulo: Getcorp-ECA-USP, Abrapcorp, ano. 6, edição especial, n. 10/11, p. 115-120, 2009b.

_____. A complexidade dos processos comunicacionais e interação nas organizações. In: MARCHIORI, M. (org.). *Faces da cultura e da comunicação organizacional*. v. 2. São Caetano do Sul, SP: Difusão, 2010a. p. 199-213.

_____. Organizações como *complexus* de diálogos, subjetividade e significação. In: KUNSCH, M. M. K. (org.). *A comunicação como fator de humanização nas organizações*. São Caetano do Sul: Difusão, 2010b.

BERGER, P. L.; LUCKMANN, T. *A construção social da realidade*: tratado sobre sociologia do conhecimento. 23. ed. Petrópolis, RJ: Vozes, 2003.

BOURDIEU, P. *A economia das trocas linguísticas*: o que fazer quer dizer. São Paulo: USP, 1996.

_____. *O poder simbólico*. 2. ed. Rio de Janeiro: Bertrand Brasil, 1998.

CAPRA, F. *As conexões ocultas*: ciência para uma vida sustentável. 2. ed. São Paulo: Cultrix, 2002.

CERTEAU, M. *A invenção do cotidiano*. Petrópolis, RJ: Vozes, 1994.

ECO, U. *Interpretação e superinterpretação*. São Paulo: Martins Fontes, 1997.

FOUCAULT, M. *Microfísica do poder*. 12. ed. Rio de Janeiro: Graal, 1996.

GEERTZ, C. *A interpretação das culturas*. Rio de Janeiro: LTC, 1989.

GOFFMAN, E. *A representação do eu na vida cotidiana*. Petrópolis: Vozes, 1975.

MAFFESOLI, M. *A contemplação do mundo*. Porto Alegre: Artes e Ofícios, 1995.

MORIN, E. *O método 4*. 3. ed. Porto Alegre: Sulina, 2002.

_____. *Introdução ao pensamento complexo*. 3. ed. Lisboa: Instituto Piaget, 2001.

_____. A noção de sujeito. In: SCHNITMAN, D. F. (org.) *Novos paradigmas, cultura e subjetividade*. Porto Alegre: Artes Médicas, 1996. p. 45-58.

SCHEIN, E. H. Cultura organizacional e liderança. São Paulo: Atlas, 2009.

WATZLAWICK, P.; BEAVIN, J. H.; JACKSON, D. D. *Pragmática da comunicação humana*: um estudo dos padrões, patologias e paradoxos da integração. São Paulo: Cultrix, 1993.

O HOMEM, A CULTURA E AS RELAÇÕES DE COMUNICAÇÃO NO MUNDO DO TRABALHO

Roseli Figaro

O **objetivo deste** capítulo é discutir as relações de comunicação no mundo do trabalho. Como ponto de partida tem-se determinada conceituação de comunicação, de mundo do trabalho e de trabalho. Pensar a comunicação como transmissão de mensagens é reduzi-la a mecanismo, a ferramental, impedindo que se entenda a comunicação como particularidade humana. Essa é a primeira questão a ser problematizada. A segunda questão diz respeito ao mundo do trabalho. Por que se referir a mundo do trabalho? Por que trazer a questão do trabalho para o centro dessa discussão?

As respostas a essas perguntas estão relacionadas diretamente com dada concepção sobre o conhecimento e o ser que conhece. Pressupõe-se, conforme Adam Schaff (1976), que o conhecimento é o pensamento qualificado pela experiência, sempre marcado por um ponto de vista cuja objetividade está associada aos dados concretos da vida do sujeito de determinado grupo social, em tempo e espaço históricos também definidos. Em outras palavras, as respostas que esta pesquisadora pretende aqui apresentar às perguntas enunciadas estão marcadas pelo lugar de fala que se constituiu na trajetória própria.

O homem, a atividade humana e a comunicação

A comunicação é uma particularidade do ser humano. O homem é um ser de comunicação diferente dos outros animais. O ser humano desenvolveu-se de maneira específica, adquirindo na filogênese um modo próprio de relacionar-se com o meio do qual é proveniente. Léontiev, em *Le developpement du psychisme*,[1] trata da atividade como "activité vitale" (1976, p. 13), mediadora nos seres vivos, desde os mais elementares, das relações entre os organismos e as propriedades do meio do qual dependem a conservação e o desenvolvimento de sua vida. Essa afirmação de Léontiev dá pistas da especificidade da vida animal e, em particular, da vida humana.

Para os animais, a atividade, qualquer que seja ela, é estritamente instintiva, vinculada às necessidades vitais. "Assim, a atividade dos animais fica sempre no limite de suas afinidades biológicas, instintivas, com a natureza. É uma lei geral da atividade animal" (LÉONTIEV, 1976, p. 55). A estrutura dessa atividade animal não leva a respostas que resultem em organização coletiva das atividades deles, ou seja, à vida em sociedade. São atividades que constituem o ser biológico e o aparelho instintivo do animal.

Léontiev cita exemplos de estudos sobre as formigas e as abelhas para reafirmar que entre elas não existe organização social e divisão de trabalho, nem mesmo comunicação na acepção humana; o que existe é uma diferenciação funcional biológica.

> [...] Autores pensam que existe entre certos animais uma divisão do trabalho. Geralmente eles invocam os casos bem conhecidos da vida das abelhas, das formigas e de outros animais "sociais". Na realidade, em nenhum desses casos há real divisão do trabalho, do mesmo modo que não há verdadeiro trabalho, processo que é social em sua essência (LÉONTIEV, 1976, p. 58).

A atividade humana é uma atividade particular que dota o homem de um psiquismo específico caracterizado por propriedades diferentes daquelas dos outros animais. A passagem à consciência humana está fun-

---

[1] Obra traduzida para o francês da terceira geração russa, publicada em 1972, pela Universidade de Moscou. Para o português do Brasil, a obra *O desenvolvimento do psiquismo*, de Aléxis Léontiev, foi traduzida da edição francesa de 1976, Éditions Sociales, Paris; e aqui publicada em 2004, segunda edição, pela Editora Centauro, São Paulo.

dada na passagem às formas humanas de vida e de atividade de trabalho. Léontiev afirma: "No mundo animal, as leis gerais que governam as leis do desenvolvimento psíquico são aquelas da evolução biológica; quando se chega ao homem, o psiquismo é submetido às leis do desenvolvimento histórico-social" (LÉONTIEV,1976, p. 61).

Para Léontiev, a aparição do trabalho é intrínseca à condição da existência do próprio homem. A atividade humana é particular e específica, e caracteriza a capacidade humana de criar, planejar, aprender, memorizar. A essência humana é dada pela forma particular de sua atividade, ou seja, aquela capaz de transformar o meio em um meio humano. Nessa acepção, a atividade humana comporta uma herança cultural e histórica das técnicas, da experiência das gerações passadas e da experiência pessoal, o que permite ao homem uma transcendência criativa de tal forma que, ao agir sobre a natureza, um homem não age sozinho, age com sua coletividade:

> [...] O trabalho se efetua nas condições da atividade comum coletiva, de sorte que o homem, no seio desse processo, não entra somente em relação determinada com a natureza, mas com outros homens, membros de uma dada sociedade (LÉONTIEV, 1976, p. 67).

Podemos entender que a atividade humana é atividade de trabalho como modalidade de relação do homem com o meio, e é atividade de comunicação como modalidade de relação do homem com outros de sua coletividade para a realização da atividade em conjunto. Nessa acepção, a materialidade da existência humana é dada pela especificidade de sua atividade e, ao mesmo tempo, é criadora de meios de vida e criadora de subjetividade.

Vigotski, em *Pensamento e linguagem*,[2] afirma que:

> O pensamento verbal não é uma forma de comportamento natural e inata, mas é determinado por um processo histórico-cultural e tem propriedades e leis específicas que não podem ser encontradas nas formas naturais de pensamento e fala (VIGOTSKI, 2005, p. 63).

---

[2] Traduzido do inglês para o português do Brasil, *Thought and language*, publicado por The Massachusetts Institute of Technology; a primeira edição é de 1987 pela Editora Martins Fontes, São Paulo. A citação foi retirada da terceira edição, de 2005, também publicada pela Martins Fontes.

Vigotski (2005) refere-se ao processo, na criança, de passagem do pensamento pré-verbal ao verbal; processo de tomada de consciência de si e do outro, da coisa e do nome dela. Nessa concepção, a atividade comunicativa, como interação entre o "eu" e o outro, é a condição necessária à linguagem, à significação, ao sentido. Apenas a condição de ser social, de indivíduo social, histórico-social, dá ao homem o potencial de atribuir sentidos ao Mundo.

A comunicação como processo de interação e construção de sentidos, com base em um universo comum e partilhado, pressupõe compreender que os sentidos desse universo são provenientes da condição intrínseca da atividade humana. Essa é a objetividade das relações intersubjetivas necessárias à comunicação e ao trabalho. Tal objetividade advém da relação sujeito-objeto-sujeito inerente ao psiquismo humano.

Ou como Marx discute em *A ideologia alemã*:[3]

> [...] não se trata de uma consciência que seja, de antemão, consciência "pura". Desde sempre pesa sobre o "espírito" a maldição de estar "imbuído" de uma matéria que aqui se manifesta sob a forma de camadas de ar em movimento, de sons, numa palavra, sob a forma de linguagem. A linguagem é tão velha como a consciência: é a consciência real, prática, que existe também para outros homens e que, portanto, existe igualmente só para mim e, tal como a consciência, só surge com a necessidade, as exigências dos contatos com os outros homens (MARX; ENGELS, 1845 [1980], p. 36).

Está na história de longa e de curta duração o nexo explicativo da atividade humana de trabalho e de comunicação. É na história que se pode recuperar o registro do percurso da espécie no processo de humanização; as marcas estão no corpo e no psiquismo específico do ser humano, como bem salientou Léontiev. Fora da história, a atividade humana torna-se incompreensível. A atividade humana no percurso da história resulta, ao mesmo tempo, do coletivo, da vida social e da experiência particular de cada ser.

Esses aspectos dizem respeito às bases científicas explicativas da natureza humana e dos fundamentos epistemológicos sobre os quais vão se constituir os conceitos teóricos de trabalho, comunicação, cultura e linguagem.

---

[3] Do original alemão *Die Deustche Ideologie*, escrito por Marx e Engels entre 1845/1846, publicado em português de Portugal, pela Editorial Presença; a citação foi retirada da terceira edição, de 1980, publicada pela Editorial Presença, Lisboa, e pela Martins Fontes, São Paulo.

Esses são macroconceitos interdependentes, na medida em que consubstanciam a compreensão que se tem do humano, mas adquirem especificidade e tratam de aspectos particulares relativos a cada um deles.

Cultura, comunicação e linguagem

Se a atividade de comunicação e trabalho está no cerne do desenvolvimento da sociedade humana, a cultura pode ser definida, de forma simplificada, como todo um modo de vida, mas não idêntica a ele. Salientam-se da cultura os modos e hábitos de produção, fruição e significação da vida. Raymond Williams (1992) dedicou-se a problematizar o conceito de cultura destacando suas inúmeras definições e apropriações ao longo da história, e com base em diferentes campos científicos.

Em *Palavras-chave*,[4] o autor problematiza o conceito afirmando:

> [...] em geral, o que é significativo é o leque e a sobreposição de sentidos. O complexo de significados indica uma argumentação complexa sobre as relações entre desenvolvimento humano geral e um modo específico de vida, e entre ambos e as obras e práticas da arte e da inteligência. É particularmente interessante que, na arqueologia e na antropologia cultural, a referência à cultura ou a uma cultura aponte primordialmente a produção material, enquanto na história e nos estudos culturais a referência indique fundamentalmente os sistemas de significação ou simbólicos. Isso confunde amiúde, mas ainda mais frequentemente esconde a questão central das relações entre produção **material** e **simbólica**, que em algumas discussões recentes – cf. meu próprio *Cultura* – foram mais relacionadas do que contrastadas (WILLIAMS, 2007, p. 122, grifo do autor).

Interessa aos pressupostos aqui já explicitados a definição de cultura que permite relacionar, como destaca Williams, a produção material e simbólica, mesmo porque não é possível entender a relevância da atividade humana quando se promove a cisão entre elas. Se a base da compreensão da sociedade humana está na atividade humana ao longo da história, e se tal atividade é produção material e simbólica, pode-se afirmar que está na práxis a raiz da especificidade da cultura humana. Sob essa acepção,

---

[4] Traduzido do inglês *Keywords: a vocabulary of culture and society*, de 1983, para o português do Brasil, em primeira edição de 2007, publicado pela Boitempo Editorial, São Paulo.

é adequada a definição que Peter Burke faz de cultura: "é um sistema de significados, atitudes e valores partilhados e as formas simbólicas em que são expressos ou encarnados. A cultura [...] faz parte de todo o modo de vida, mas não é idêntica a ele" (BURKE, 1989, p. 35).

Por sua vez, a comunicação, como interação e produção de sentido, com base na relação de linguagem e pensamento – conforme nos explica Adam Schaff (1976) – pode ser afirmada como a dialética entre práxis, percepção e cognição, visto que a ordenação do real cultural humano é orientada por essa dialética que atua sobre o real contínuo, ou seja, sobre a múltipla e complexa rede de possibilidades dadas à atividade humana.

No que diz respeito à comunicação e à linguagem, pode-se simplificar a relação entre elas ao afirmar que são articuladas pela experiência do indivíduo que capta os estímulos do real contínuo (formas, cores, sons, espaços etc.) por meio da diferenciação e da identificação, possibilitada pela atividade humana concreta, assim constituindo o universo da semiose (sentidos). Com essas experiências de identificação e de diferenciação, vão-se consolidando as bases valorativas da significação, também chamadas de corredores isotópicos ou semânticos (BLIKSTEIN, 1990). Os sistemas de signos, fundamentais para a comunicação, são constituídos nesse processo. Os corredores isotópicos ou as correias de construção da significação são formados de um modo de vida concreto, nascem da objetividade das relações histórico-sociais. Portanto, os sentidos, a significação são produto e resultado desse processo.

Exorbitando a síntese, pode-se definir a atividade de comunicação e de trabalho como a dialética necessária e concreta da qual emergem as culturas e os sistemas de significação.

Trabalho e relações de comunicação no mundo do trabalho

À definição de trabalho como esforço físico, necessidade de venda da força e da capacidade física e intelectual para garantir a sobrevivência e o consumo de bens materiais e imateriais, e/ou tarefa realizada em troca de remuneração, numa sociedade regida por leis, contrapõe-se a compreensão de trabalho como atividade humana ímpar, sempre inédita. Trabalhar é a singularidade do uso que o sujeito faz de si para a produção de algo. A consciência da singularidade do uso de si próprio permite a objetivação e a desnaturalização das atividades de trabalho. O sujeito no trabalho dedica-se por inteiro à atividade. Ele põe em movimento a energia de seu corpo, seus sentidos, sua experiência física e intelectual – o corpo em relação ao meio, aos instrumentos e às técnicas. Também aciona suas relações com o meio social, seus parceiros de trabalho, os colegas e os chefes. Convoca ainda as relações com seu grupo social: a família, o bairro, sua história de vida.

Se trabalhar implica mobilizar o conhecimento já instituído, ou seja, as normas, procedimentos, regulamentos prescritos, diz respeito também a mobilizar o conhecimento investido, a experiência, as capacidades individuais, cujo encontro resulta sempre em renormalização do trabalho prescrito, tornando possível e exequível o trabalho real. Isso quer dizer que entre o trabalho prescrito e o trabalho real existe o inédito da atividade verdadeiramente realizada.

Esse caráter sempre novo, criativo e inédito da atividade de trabalho revela a condição humana de gestão de si por si mesmo e a consciência da gestão de si por outro. É gerir-se a si próprio como corpo físico no manejo da tarefa em tempo e espaço determinados, é gerir o emocional e a subjetividade, produzindo conhecimentos. Desse encontro objetivo há o trabalho e o produto resultado dele em duas instâncias: a atualização da prescrição/conhecimento instituído (trabalho prescrito) e a atualização das relações sociais (culturais, comunicacionais, políticas). Para Schwartz, o trabalho (SCHWARTZ, 1994; SCHWARTZ e DURRIVE, 2003) é o processo invisível que se dá no embate (como dramáticas do uso de si por si mesmo e de si por outro) entre o prescrito e o realizado – que comporta o coletivo e a individualidade – na transformação de algo em algo.

O trabalho não desaparece no produto produzido, pois se renova na atividade humana. Faz o indivíduo progredir no domínio de seu ser, predispondo-o como um ser criador. O produto do trabalho, no entanto, incorpora um valor: o trabalho – único valor capaz de criar e transformar o material e o imaterial. Nesse sentido, quando privatizado na forma de mercadoria, retira da coletividade um bem que pertence a todos.

A atividade de trabalho não pode ser vista fora da história. No sistema capitalista, ela é determinada como mercadoria, e as relações entre as pessoas são escalonadas e hierarquizadas por meio da especificidade das características e dos valores que cada atividade de trabalho adquire em relação ao poder hegemônico (GRAMSCI, 1977). Esse sistema econômico pressupõe o trabalho remunerado e o não remunerado (apropriado como parte do capital, conforme MARX, 1993), regulados pelo emprego e pelos diferentes vínculos contratuais entre os que se oferecem para o trabalho no mercado de trabalho.

Sob a perspectiva da técnica e da tecnologia, é absolutamente impossível entender o andamento de ambas sem a experiência coletiva daqueles que as experimentam de fato. Não é possível desconsiderar a capacidade e a inteligência da coletividade na adaptação e no aperfeiçoamento de artefatos e processos, os quais redundam na trajetória de conquistas e domínios do homem sobre a natureza, fazendo do meio um meio humano.

Na sociedade moderna e contemporânea, o trabalho forja um ambiente característico: o mundo do trabalho. Um lugar privilegiado que abriga grande parte da atividade humana. É uma categoria ampla porque possibilita congregar muitos conceitos, como relações de trabalho, vínculo empregatício, mercado de trabalho, salário, tecnologia, troca, lucro, capital, organização, controle, poder, sociabilidade, cultura, relações de comunicação.

No mundo do trabalho encontram-se os conflitos centrais que estruturam e regulam o sistema socioeconômico e político (MARX, 1993). Nele são criadas e transformadas as formas e os temas presentes em outras esferas institucionais, tais como a família, a escola, os meios de comunicação etc. e são encontradas várias culturas – hábitos, línguas, dialetos – que confluem para o proveito das tarefas a serem desenvolvidas, criando uma rede de sociabilidade.

Dessa rede de sociabilidade participam sujeitos de diferentes histórias e formação, os quais enunciam de maneira mais ou menos livre discursos como trabalho (aquele discurso que é parte ou é a própria atividade de trabalho); no trabalho (é o discurso que participa do mundo do trabalho mesmo não estando ligado à situação de trabalho: conversas de corredor, temas variados, diz respeito ao coletivo); e sobre o trabalho (é o discurso em que se evoca e se comenta a situação de trabalho para analisá-la, discuti-la, lembrá-la etc.) (NOUROUDINE, 2002). A tripartição dos discursos do mundo do trabalho (atividade linguageira) denota a presença de vozes convergentes, divergentes e indiferentes aos métodos e processos de trabalho instituídos (prescritos), aos saberes investidos (experiência) aos valores das organizações e ao sistema de poder estruturado na forma do capital.

Sobre o mundo do trabalho constituem-se várias instituições: a organização empresa, a organização sindical, órgãos do Estado que fiscalizam os direitos do trabalho e no trabalho, a legislação fiscal, sanitária, de saúde, de formação e de escolarização.

As relações de comunicação no mundo do trabalho pressupõem a circulação de discursos, enunciados por vozes de diferentes sujeitos e instituições que o compõem. Enunciam-se e circulam discursos, sobretudo, de vários pontos de vista sobre o trabalho e sobre a regulação dele. Esses discursos revelam as ideologias dos setores e classes sociais ali presentes.

O mundo do trabalho é tensionado por forças sociais (cujos discursos disputam hegemonia) representativas de classes sociais diferenciadas.[5]

Se o mundo do trabalho forma-se da atividade de trabalho – como lugar do encontro e do confronto dos diferentes e das diferenças –, ele também influencia as culturas relativas às especificidades das relações ali constituídas; sobretudo, atua nas relações de comunicação hierarquizadas ou não hierarquizadas com base nas lógicas a ele inerentes. As relações de comunicação no mundo do trabalho são formadoras das denominadas entidades coletivas relativamente pertinentes (SCHWARTZ, 1994; SCHWARTZ; DURRIVE, 2003). Para Schwartz, são entidades no sentido de que se constituem das atividades a serem realizadas; estão na base da viabilidade do trabalhar em conjunto; não são permanentes, não são estabilizadas; forjam-se da necessidade do trabalho; não fazem parte das prescrições de cargos, funções e hierarquias das organizações. Estão fora dos organogramas. São forjadas por meio da comunicação, são fluidas e servem à execução da tarefa. Por exemplo: se estou trabalhando e me falta uma informação sobre um dado, dirijo-me à internet e não o localizo, logo me lembro de um colega que pode ter tal informação; telefono-lhe e de imediato obtenho a dica de que poderei encontrar o que procuro em tal endereço eletrônico. Esse colega formou comigo uma entidade coletiva relativamente pertinente. A solidariedade, a disponibilidade e a compreensão sobre o que é realizar um trabalho fizeram com que ele contribuísse comigo. Assim que desligo o telefone, essa entidade coletiva se desfaz. Nas palavras de Schwartz:

> entidades no sentido de fronteiras invisíveis que englobam pessoas que pertencem a serviços diferentes, pessoas que se conhecem; coletivos porque lá transitam informações eventualmente nos dois sentidos pelas vias mais diversas – pode ser aquela das notas escritas, chamadas de telefone, deslocações, muitas coisas – e, finalmente, é fundamental para compreender a qualidade de execução das diversas

---

[5] Na contemporaneidade, tem sido escamoteado o debate sobre o problema da conceituação das classes que se opõem no sistema capitalista. Trata-se, a nosso ver, de integridade intelectual denunciar o aprofundamento das contradições entre as classes e definir, adotando a categorização de Antunes, o termo classe-que-vive-do-trabalho para nos situarmos nessa discussão. "Nossa tese central é a de que, se a classe trabalhadora não é idêntica àquela existente em meados do século passado, ela também não está em vias de desaparição, nem ontologicamente perdeu seu sentido estruturante. [...] Devemos indicar desde logo que a classe trabalhadora hoje compreende a totalidade dos assalariados, homens e mulheres que vivem da venda da sua força de trabalho – classe-que-vive-do-trabalho, conforme nossa denominação (ANTUNES, 2000) – e que são despossuídos dos meios de produção" (ANTUNES; ALVES, 2004, p. 336).

tarefas solicitadas; são relativamente pertinentes na medida em que são pertinentes para compreender como as coisas acontecem, mas elas são relativamente pertinentes, ou seja, as fronteiras são variáveis; podem variar em função das pessoas, e a história na empresa é feita de uma combinação indefinida de tais fronteiras cujas ligações se constroem e se reconstroem incessantemente. É por isso, uma vez mais, que são apenas relativamente pertinentes (SCHWARTZ; DURRIVE, 2003, p. 144).

Reconhecer a existência de tais entidades coletivas relativamente pertinentes demanda compreender a complexidade do mundo do trabalho e das relações de comunicação que nele existem. As organizações reivindicam para si a primazia de definir, *a priori*, o circuito da comunicação. No entanto, o discurso que ela enuncia é sempre norma a ser renormalizada pela atividade dos sujeitos no trabalho – fato que exige problematizar, questionar os acordos e os desacordos, as contradições e os conflitos no mundo do trabalho.

As relações de comunicação no mundo do trabalho, quando consideradas em seu potencial de pluralidade e diversidade, podem ser um campo de pesquisa bastante fértil, para além dos interesses do controle da organização da produção, reveladoras das mais sensíveis mudanças sociais.

Considerações finais

As reflexões desenvolvidas neste capítulo destacam o binômio comunicação-trabalho como fulcro da atividade humana, para chamar a atenção sobre as relações de comunicação no mundo do trabalho.

Todo o esforço de programação, racionalização e esquematismo é temporário e frágil diante dos desafios da atividade de trabalho, sempre contraditória, criativa e inédita. Sem negar a norma e a prescrição, mas, ao mesmo tempo, chamando a atenção para a permanente renormalização, destacam-se as diferenças entre o mundo do trabalho e as organizações. São instituições com objetivos próprios, atuam no mundo do trabalho, mas não devem ser confundidas com ele.

O mundo do trabalho é formado por muitos discursos, por vozes e perfis variados, regidos pelas lógicas da atividade de trabalho (dialética entre a prescrição e o real). É um lugar do encontro e do confronto dos diferentes e das diferenças, demandando atenção especial para as relações de comunicação.

Referências

ANTUNES, R. *Os sentidos do trabalho*. São Paulo: Boitempo, 2000.

_____.; ALVES, G. As mutações no mundo do trabalho na era da globalização do capital. Educação e sociedade. Campinas: Unicamp, 2004, v. 25, n. 87, p. 335-51. Disponível em: <http://content.usatoday.com/communities/greenhouse/post/2010/06/bp-tony-hayward-apology/1#.UvKT50J_vk0>. Acesso em: 15 jun. 2009.

ARAÚJO, I. L. *Do signo ao discurso*: introdução à filosofia da linguagem. São Paulo: Parábola, 2004. p. 128.

BURKE, P. *Cultura popular na Idade Moderna*. São Paulo: Companhia das Letras, 1989.

BAKHTIN, M. *Marxismo e filosofia da linguagem*. São Paulo: Hucitec, 1988.

BLIKSTEIN, I. *Kaspar Hauser ou a fabricação da realidade*. São Paulo: Cultrix, 1990.

DURAFFOURG, J. Le travail et le point de vie de l'activité. In: SCHWARTZ, Y.; DURRIVE, L. *Travail et ergologie*: entretiens sur l'activité humaine. Toulouse: Octares, 2003. p. 31-68.

FAÏTA, D. Le langage comme activité. In: SCHWARTZ, Y.; DURRIVE, L. *Travail et ergologie*: entretiens sur l'activité humaine. Toulouse: Octares, 2003. p. 159-184.

FIGARO PAULINO, R. A. *Comunicação e trabalho* – Estudo de recepção: o mundo do trabalho como mediação da comunicação. São Paulo: Anita/Fapesp, 2001.

_____ (org.). *Gestão da comunicação no mundo do trabalho, educação, terceiro setor e cooperativismo*. São Paulo: Atlas, 2005.

_____ *Relações de Comunicação no mundo do trabalho*. São Paulo: Annablume, 2008.

_____. Atividade de comunicação e de trabalho. *Revista Trabalho, Educação e Saúde*, Fiocruz, v. 6, n. 1, mar./jun. 2008.

GRAMSCI, A. *Obras escolhidas*. São Paulo: Martins Fontes, 1978.

_____. *Escritos políticos*. Lisboa: [s.n.], 1977.

LÉONTIEV, A. *Le dévelopement du psychisme*. Paris: Éditions Sociales, 1976.

MARX, K. *Manuscritos econômico-filosóficos* (da seleção de T. B. Bottomore. Prefácio de Erich Fromm). Lisboa: Edições 70, 1975 (1993).

_____; ENGELS, F. *A ideologia alemã I*. Lisboa/São Paulo: Editorial Presença/Martins Fontes, 1845 (1980).

MORAES, D. (org.) *Globalização, mídia e cultura contemporânea*. São Paulo: Letra Livre, 1997.

NOUROUDINE, A. A linguagem: dispositivo revelador da complexidade do trabalho. In: SOUZA E SILVA, M. C. P.; FAÏTA, D. (orgs.). *Linguagem e trabalho*. São Paulo: Cortez, 2002. p. 17-30.

SCHAFF, A. *Linguagem e conhecimento*. Coimbra: Almedina, 1976.

_____. *O marxismo e o indivíduo*. Rio de Janeiro: Civilização Brasileira, 1967.

SCHWARTZ, Y. *Travail et Philosophie*: convocations mutuelles. 2. ed. Toulouse: Octares, 1994.

_____ ; DURRIVE, L. *Travail et ergologie*: entretiens sur l'activité humaine. Toulouse: Octares, 2003.

SOUZA E SILVA, M. C. P.; FAÏTA, D. *Linguagem e trabalho*: construção de objetos de análise no Brasil e na França. São Paulo: Cortez, 2002.

VIGOTSKI, L. S. *Pensamento e linguagem*. 3. ed. São Paulo: Martins Fontes, 2005.

WILLIAMS, R. *Palavras-chave*. São Paulo: Boitempo, 2007.

_____. *Cultura*. Rio de Janeiro: Paz e Terra, 1992.

A COMPLEXIDADE DOS PROCESSOS COMUNICACIONAIS E A INTERAÇÃO NAS ORGANIZAÇÕES

Rudimar Baldissera

Sobre organizações e comunicação

As organizações são e se realizam por/em comunicação. Sem comunicação (aqui não se trata de julgar a qualidade dos processos comunicacionais) não é possível a existência de uma organização ou rede, seja como estrutura física estabelecida e geograficamente localizada, seja como instituição virtual ou empresa pontocom. Organizações são relações e, neste caso, relações são comunicação. A noção de organização pressupõe o estabelecimento de vínculos entre diferentes sujeitos, e esses vínculos são acionados, estabelecidos e fortalecidos – ou mesmo rompidos – mediante comunicação. Essas relações vinculativas compreendem processos comunicacionais em que os diversos sujeitos tensionados (no caso das empresas, pode-se pensar, entre outros, nos detentores do capital e gestores, nos empregados, no setor público e nos consumidores) transacionam significação e, com isso, (re)tecem permanentemente a própria organização.

É importante dizer que a comunicação é compreendida como "processo de construção e disputa de sentidos" (BALDISSERA, 2004, p. 128), e, como desdobramento, a comunicação organizacional é o "processo de construção e disputa de sentidos no âmbito das relações organizacionais" (BALDISSERA, 2008a, p. 169).[1] Essa compreensão atenta para o fato de que os diferentes sujeitos em relação de comunicação são forças (FOUCAULT, 1996) que, com base em seus lugares socioculturais (BAKHTIN, 1999), em suas competências (linguísticas, psíquicas, interpretativas, fisiológicas etc.), disputam os sentidos postos em movimento no processo comunicacional, (re)construindo-os.

Esses sujeitos,[2] articulados em comunicação, como forças em relações dialógico-recursivas,[3] em diferentes graus e formas, exercem-se sobre a alteridade para, em algum nível e de algum modo, direcionar a significação que desejam (consciente e/ou inconscientemente) ver internalizada pelo(s) interlocutor(es). Estabelecer comunicação implica, necessariamente, ver a significação que o grupo havia construído e assumido como cultura – segundo Geertz (1989), teia simbólica que os sujeitos teceram e à qual se prenderam – ser perturbada, movimentada, transacionada e, em algum nível, (re)construída. Considerando que a significação é social, conforme afirma Bakhtin (1999) – assim como Ruiz, para quem "o sentido se organiza em teias e estruturas de significados, a fim de estabelecer suturas simbólicas que deem coerência à ação humana" (RUIZ, 2003, p. 67) –, ao se relacionar em comunicação, os sujeitos tendem a assumir postura e a agir de acordo com o que a cultura de seu grupo prescreve e proscreve. Então, se por um lado os sujeitos teceram a teia simbólica, por outro, como se viu, prenderam-se a ela. Dessa forma, a cultura, mais que orientação, exerce-se como regulação, mesmo que não se trate de determinação.

---

[1] Essa compreensão de comunicação foi apresentada por Baldissera (2000) e retomada e aprofundada em 2004. Quanto ao entendimento sobre comunicação organizacional, a discussão já foi apresentada em outros trabalhos (BALDISSERA, 2008a e 2008b) e não é retomada aqui.
[2] Com base em Morin (1996), compreende-se que o sujeito é construtor dos processos históricos e socioculturais, e sua construção objetiva-se pela consciência de si mesmo, experimenta a incerteza, é perturbado pelo entorno e o perturba, cria, é egocêntrico, mas sofre sujeições, constrições e contingências, tem autonomia-dependência e autoexo-organiza-se.
[3] De acordo com Morin, são três os princípios básicos da complexidade: (1) o dialógico, que compreende a "associação complexa (complementar, concorrente e antagônica) de instâncias necessárias **junto** à existência, ao funcionamento e ao desenvolvimento de um fenômeno organizado" (MORIN, 2000, p. 201, grifo do autor); associa/une termos do tipo organização/desorganização, *sapiens/demens*, mantendo a dualidade no seio da unidade; (2) o recursivo, que consiste em "processo em que os produtos e os efeitos são ao mesmo tempo causas e produtores daquilo que os produziu" (2001, p. 108); a sociedade constrói o sujeito que a constrói; e (3) o hologramático, que atualiza a ideia de que "a parte não somente está no todo; o próprio todo está, de certa maneira, presente na parte que se encontra nele" (MORIN, 2002, p. 101), sendo que parte e todo são, ao mesmo tempo, mais e menos.

Presos a essas teias de significação, os sujeitos interagem nos/sobre os processos organizativos, seja empenhados em constituir organização, em resistir a ela, e até em subvertê-la. Tem-se, pois, que para a ocorrência de uma organização não basta um forte desejo, uma boa intenção, uma ideia brilhante, deter capital, ter objetivos claramente definidos, existir mercado para seus produtos e serviços (se for o caso) etc. A possibilidade de existência da organização está no estabelecimento de relações e na estruturação de vínculos mediante processos comunicacionais, bem como na sua articulação à teia simbólica. É necessário que tal organização e o que ela representa façam sentido para os sujeitos que, de alguma forma, a constituem.

Em sentido semelhante, Garrido afirma que:

> o eixo central e as ações resultantes do fato de "se organizarem" é a mesma interação entre as partes envolvidas, ou seja, a comunicação, uma vez que sem ela não seriam possíveis o agrupamento, a coesão e a comunhão de objetivos (centro da pesquisa de interação entre as partes). É por isso que o conceito de "organização" pode ser sob diferentes prismas e ser empregado em várias aplicações; [...] apesar disso, sua natureza não pode ser explicada integralmente sem contar com a comunicação (GARRIDO, 2003, p. 18).

Diante disso, assim como é válido afirmar que uma organização não é apenas comunicação, afirma-se que sem comunicação não há organização. A ocorrência do processo organizativo, dependendo das características da organização, exige estrutura, equipamentos, recursos financeiros, objetivos comuns definidos e a combinação de esforços individuais para a realização de tais objetivos. Objetivos comuns pressupõem processos comunicativos pelos quais os objetivos foram apresentados e, em algum nível, disputados e (re)construídos pelos indivíduos que combinam/combinarão seus esforços individuais na consecução dos objetivos comuns que foram (re)definidos. Trata-se de transações de sentidos para que os objetivos do propositor sejam, interativamente, ajustados aos interesses dos demais sujeitos articulados no processo organizativo.

Para evitar equívoco, é importante dizer que o poder sobre a (re)definição dos objetivos não é exercido de maneira equitativa pelos diferentes sujeitos. Essa tensão articuladora de forças, além de atualizar as disputas de sentido, também torna presentes os diferentes lugares de fala, a autorização e/ou legitimidade das falas (quem, na relação específica, pode dizer o que, como e com que validade), o contexto em que as falas ocorrem e, portanto, o poder (ou poderes) que cada sujeito assume no sentido de direcionar a definição dos objetivos organizacionais. Considerando-se, a título de ilustração, o poder exercido pelo detentor do capital financeiro quanto à definição da organização, pode-se dizer que seu poder varia de acordo com a situação. Por exemplo, é provável que seja muito elevado o nível de poder exercido pelo empresário quanto à determinação de quais pessoas farão qual atividade em sua organização, porém, esse poder é reduzido significativamente quando se trata de sua relação com os órgãos fiscalizadores que avaliam os impactos de sua empresa no meio ambiente e decidem pela implantação de sistema de tratamento de dejetos. Noutra direção, o poder que o empresário detém para determinar qual produto deverá ser desenvolvido por sua organização, com base em suas percepções de mercado, também poderá ser reduzido ante parecer técnico de especialista contratado para avaliar cenários e tendências de mercado, ainda mais em perspectiva estratégica. Como se pode ver, o poder, em sentido complexo, não se estabelece em um núcleo e de uma vez por todas, senão que tende a se realizar no acontecer, exercendo-se com base em cada materialização relacional.

À luz do que se disse até aqui, parece evidente o caráter de centralidade assumido pela noção de relação, seja nos processos comunicacionais, nas atualizações de poder ou nos processos organizativos. Na mesma direção, também a comunicação, por ser relação e possibilidade de estabelecimento de vínculos, constitui-se o fundamento das organizações. A constituição das organizações fundamenta-se em processos organizativos que, pela comunicação, acionam diferentes teias simbólicas e imaginárias. Assim, para se manterem atuantes, como sistemas vivos, não passam de resultados provisórios que experimentam permanente perturbação ao serem tensionadas com outros (sub)sistemas.

Organizações comunicadas

A complexidade da comunicação no âmbito das relações organizacionais também pode ser pensada em outras dimensões. Uma delas é a da "organização comunicada", ou seja: que organização se atualiza em seu próprio discurso? Trata-se da organização como discurso. É relevante ressaltar, aqui, que por discurso organizacional entende-se todas as articulações de linguagem (de diferentes semióticas – verbal, imagética, arquitetônica etc.) atualizadas pela organização, como atividade de sujeitos inscritos em contextos específicos. O discurso organizacional, então, consiste na visão de mundo da organização e, também, na visão de organização no mundo. Como prática social, o discurso não pode ser considerado uma construção individual, pois resulta de processo histórico-social, sob condições de produção específicas. É um processo social de produção de sentido. No discurso organizacional, estão tensionados o contexto situacional imediato, o contexto institucional e o contexto sociocultural mais amplo. É no interior desses contextos que determinado evento comunicacional (constituinte do discurso) se realiza.

Imersa nesses contextos, em relações de autonomia-dependência, a organização apresenta-se e reapresenta-se por meio de diferentes estratégias de produção de sentido. Na perspectiva de ser o lugar do "dizer sobre si mesma", a organização comunicada parece ser, fundamentalmente, aquela da fala oficial. Apesar de nem sempre e nem todas as organizações empregarem o planejamento de comunicação em suas práticas cotidianas, pode-se dizer que o discurso da organização comunicada consiste na fala autorizada, que não é, necessariamente, a planejada.

A organização comunicada contempla aquilo que, de alguma forma, a organização, como força em interação com outros sujeitos (poder público, comunidade, imprensa, consumidores, empregados e acionistas, entre outros), considera relevante sobre si mesma, identifica como potencialidade para trazer algum tipo de retorno (satisfação pessoal, prestígio, imagem-conceito,[4] poder simbólico, clientes etc.), portanto, entende que mereça ser tornado público. Vale lembrar que o fato de boa parte das organizações não empregar planejamento de comunicação em seus processos não significa que sejam desprovidas de propósitos, intenções. Assim, parte-se da premissa de que, por mais que suas intenções nem sempre sejam claras (inclusive para seus gestores), ao comunicar sobre si mesma, a organização atualiza algum nível de intencionalidade.

Da mesma forma, importa que se atente para a necessária interdependência entre o subsistema organização (parte) e o sistema sociedade (todo). De acordo com Morin (2002), pelo princípio hologramático,[5] a parte está no todo, e esse, de alguma forma, é presença na parte; parte e todo são, ao mesmo tempo, mais e menos. A organização, como parte da sociedade, apesar de assumir características particulares, entre outras coisas, decorrentes das especificidades dos processos interativos que a

---

[4] A noção de imagem-conceito é compreendida/explicada como um constructo simbólico, complexo e sintetizante, de caráter judicativo/caracterizante e provisório, realizada pela alteridade (recepção) mediante permanentes tensões dialógicas, dialéticas e recursivas, intra e entre uma diversidade de elementos-força, tais como as informações e as percepções sobre a identidade (algo/alguém), a capacidade de compreensão, a cultura, o imaginário, a psique, a história e o contexto estruturado" (BALDISSERA, 2004, p. 278).
[5] Consulte a nota 3.

constituem, não se apresenta refratária a ela; não é descolada da sociedade. Assim como a organização se realiza na sociedade, a sociedade manifesta-se nela. A organização, a um só tempo, é diferente da sociedade e semelhante a ela.

Mediante relações dialógico-recursivas que se materializam entre organização e entorno sociocultural, particularmente nos/pelos processos de comunicação, é possibilitado à organização conhecer o entorno (códigos linguísticos e culturais, estruturações, sociabilidades etc.) e, de acordo com suas intenções, empregar esse conhecimento em novos processos relacionais para atingir seus objetivos. Isso não significa dizer, porém, que o simples fato de a organização empregar os códigos dos seus públicos seja garantia de que os resultados desejados sejam atingidos. Os desvios são uma constante: "[...] há intenção nas instâncias produtoras das mensagens, mas também há intenção nas instâncias receptoras dessas mensagens, na medida em que somos vítimas de nosso próprio discurso, já que meus signos fazem parte de um repertório que vou adquirindo ao longo da vida" (PINTO, 2008, p. 87). Então, se a organização comunicada, como representação – reapresentação – mediada por linguagem, pode distanciar-se do que ela é como identidade em si, também é possível que a organização comunicada não seja percebida e construída pelos públicos de forma idêntica ao comunicado. Até porque "exercer linguagem é sinônimo de exercer um certo risco. Toda linguagem é indeterminada, toda linguagem é intransparente. O próprio caráter mediador da linguagem é a causa desse risco de indeterminação" (PINTO, 2008, p. 85).

De qualquer forma, conhecer os códigos da alteridade (outra força em relação – públicos, sociedade) possibilita que a organização potencialize seus processos no sentido de comunicar a organização, pois esse domínio permite que se empreguem tais códigos na perspectiva de que a organização comunicada faça sentido e tenda a ser significada positivamente. Nessa direção, estão as intenções de visibilidade, imagem-conceito e capital simbólico. A ideia de organização comunicada pressupõe algum nível de intenção de instituir a organização, isto é, de comunicar e fazer reconhecer como existência legítima, como necessária à sociedade.

Para isso, a organização inclina-se a empregar diferentes meios e estratégias de comunicação, de modo geral, contemplando os perfis dos interlocutores, sejam eles os empregados, a imprensa, os acionistas, o poder público, a comunidade, os consumidores etc. A organização comunicada é, de alguma forma, a idealizada, ou melhor, aquela que a própria organização acredita ser a ideal para cada público. Em nível estratégico, trata-se de selecionar aspectos da identidade organizacional, elaborando algo como perfis para serem comunicados – (re)apresentados – aos vários públicos, sempre considerando o conhecimento dos códigos desses públicos. Além da seleção de traços da identidade (características, projetos, ações, produtos/serviços etc.) e de sua articulação em falas organizadas e coerentes, é provável que, para cada público em particular, os aspectos com mais potencialidade de gerar identificação recebam mais atenção/visibilidade – e até maquiagem – na enunciação e no enunciado. Tendem a ser mais explorados, a receber mais "lustro", pois têm mais força de, pelo espelhamento, reconhecimento/identificação, gerar boa vontade no público, predispondo-o à colaboração. Assim, a organização comunicada aos diversos públicos pode revelar variados graus de semelhança entre as (re)apresentações de si mesma, que vão desde a coincidência até distanciamentos de representações identitárias que poderiam ser, até, de diferentes organizações.

Então, considerando-se que, da complexidade que é a organização, apenas alguns aspectos de sua identidade sejam selecionados, organizados e comunicados para cada público, pode-se afirmar que esses fragmentos (partes) são elevados à categoria de "todo" (a organização). São (re)apresentados como sendo "a" própria organização, a própria identidade, e não fragmentos dela.

Assim sendo, pode-se refletir sobre a dimensão "organização comunicante".

Organizações comunicantes

Em perspectiva mais complexa que a dimensão "organização comunicada", que atenta, fundamentalmente, para a racionalidade nos/dos processos comunicacionais (muitas vezes pelo viés da racionalização), que consiste na fala autorizada e que, nos níveis estratégicos, tende a se traduzir em planos, programas e projetos, objetivando, como se disse, visibilidade, imagem-conceito, legitimidade, capital simbólico, ampliação dos lucros etc., a dimensão "organização comunicante" abarca os processos de significação/comunicação que se materializam em diferentes contextos e níveis, quando das relações/interações que a organização estabelece com a alteridade (diferentes sujeitos).

A noção de organização comunicante contempla a ideia de que, em processos de relação/interação – organização-sujeitos (indivíduos, públicos, outras organizações etc.) –, é difícil não comunicar. Observa-se, aqui, o fato de que os públicos que interagem com a organização podem atribuir sentidos a tudo o que percebem, independentemente de a organização ter a intenção de comunicar ou não.[6] Isto é, por mais que uma organização não queira

---

[6] De acordo com Eco (1997), quando das interações, sempre que não se puder saber se houve ou não intenção de comunicar, se o interlocutor perceber/considerar algo como comunicação, será entendido como comunicação. Para Watzlawick, Beavin e Jackson (1993), em situações relacionais "é impossível não comunicar".

dizer nada (se isso, hipoteticamente, fosse possível), se um indivíduo entender algo dela (pintura do prédio, paisagismo, aquisição de novo carro) como comunicação, a organização terá comunicado. Então, mais importante que a presença ou não da intenção de comunicar é a competência interpretativa da alteridade – os públicos com os quais a organização se relaciona.

Enquanto a "organização comunicada" caracteriza-se por ser organizativa, a "organização comunicante" tende à desorganização. A organização comunicante, para além das ilhas de comunicação planejada, autorizada, revela-se em fissuras, em incertezas, em oceanos de fluxos informais. Irrompe em toda relação da organização com sua alteridade, seja ela oficial ou não. Toda vez que alguém/algo tornar a organização presente em uma relação, haverá produção e disputa de sentidos, e isso não se restringe aos processos autorizados. Antes, pode-se pensar que a maior parte dessas relações se atualiza na informalidade sem que a organização possa ter controle sobre elas.

Diante da organização comunicante, a alteridade experimenta muito de fruição considerando-se que a comunicação se realiza com certa permissividade e autonomia diante dos processos oficiais. Grande parte da comunicação que escapa aos processos oficiais pode revelar outros aspectos da organização, geralmente menos visíveis, menos explorados, ou, em certos casos, escondidos dos públicos. Não se pode confundir, entretanto, essa potência de liberdade com livre comunicação. Conforme se disse, mediante processos interacionais, os diferentes sujeitos dialógica e recursivamente (re)definem os objetivos organizacionais. Em sentido semelhante, (re)tecem as teias de significação – cultura – e, nesse permanente processo, prendem-se a elas. Então, se é verdade que há muito de comunicação que se realiza sem a chancela da oficialidade, isso não significa que essa comunicação não reproduza, em algum grau, a fala autorizada, isto é, a cultura organizacional também orienta essa comunicação, aparentemente liberta. Mesmo assim, e apesar do exercício de prescrição da cultura, esse é um lugar que potencializa a comunicação em fluxos multidirecionais.

A ideia de organização comunicante parece abarcar e tensionar importantes movimentos e forças que tendem a manter a organização longe do equilíbrio, portanto, longe da estagnação, da cristalização, da morte. Uma importante força em tensão é a fala oficial, planejada ou não (quando há a intenção de que, mesmo sem documentação, exista algum nível de planejamento ou, pelo menos, alguma orientação geral), que se exerce em sentido organizativo e inclina-se a ser estabilizadora. Esse processo procura observar as orientações da cultura organizacional e reforçar a teia simbólica estabelecida. A cultura, por sua vez, como força em tensão e com tendência ao estável, reforça os processos comunicacionais que a reproduzem.

Em múltiplas direções, tem-se, também, a força dos processos de comunicação não autorizados (a fala não oficial), que podem se materializar para resistir, usurpar, explorar e/ou subverter e, também, cooperar, reproduzir, potencializar ou, ainda, (re)criar, inovar e/ou redefinir a ordem posta. Além dessas, há que se pensar em outras forças atualizadas nos processos da organização comunicante que, de alguma forma, perturbam a organização de maneira a acionar seus processos de autoexo(re)organização. Dentre outras que se exercem nesses processos de interação comunicativa, destacam-se os sistemas culturais dos públicos, seus imaginários, seus processos histórico-sociais, seus paradigmas, suas competências e expectativas.

Como se pode ver, a dimensão "organização comunicativa" contempla e transcende a dimensão "organização comunicada" como se esta fosse uma parte da organização comunicativa (perspectiva do princípio hologramático do Paradigma da Complexidade) e ambas fossem as partes da comunicação organizacional (todo). Sempre considerando a condição de interdependência entre a comunicação e os demais (sub)sistemas organizacionais e os do entorno com os quais interage.

Diante disso, importa destacar que no âmbito da organização comunicante potencializam-se os processos de significação em relação aos de comunicação, pois, como se disse, mesmo quando não há intenção de comunicar, a alteridade pode compreender e assumir algo como comunicação. Com isso, complexificam-se os processos de comunicação, assumem relevo a incerteza e a inconstância.

A noção de organização comunicante parece exigir que a organização se compreenda como potencialidade comunicacional, ou melhor, como potencialidade de significação e comunicação. É comunicar a organização? Sim. No entanto, não somente. É entender que, em qualquer relação que a organização, de alguma forma, estabelecer com algum indivíduo, haverá algum processo de atribuição de significação (ele perceberá/atribuirá sentido) e, também, será um potencial processo de comunicação.

Interações, tensões e disputas

A este ponto cabem algumas considerações para finalizar (mas não fechar) este texto. Com base no que se disse sobre organizações e comunicação organizacional – mais precisamente, um recorte no sentido de refletir sobre organizações comunicadas e comunicantes –, evidencia-se que as organizações são resultados provisórios das permanentes interações dos vários sujeitos que estabelecem relações com a organização. Em processos comunicacionais, esses sujeitos acionam suas culturas, suas identidades e, por conseguinte, suas subjetividades para disputar e construir sentidos com a organização e sobre ela. Como forças em relação, interativamente, os sujeitos disputam e interpretam com base em seus lugares culturais, seus imaginários, suas expectativas, desejos e competências.

Assim tensionados, (re)tecem a organização e, de formas variadas, prendem-se a ela. Alguns exemplos: (a) ao autorizar o funcionamento da organização, o fiscal compromete-se afirmando que tudo está de acordo com a legislação vigente, caso contrário, teria exigido adequações; (b) o consumidor estabelece relação comercial com a organização ao consumir seus produtos e, nesse sentido, suas necessidades/desejos podem implicar mudanças nos produtos, porém, em nível de mais complexidade, as marcas marcam o consumidor, ou seja, o produto consumido diz muito do consumidor e é elemento de acesso a grupos específicos, é a possibilidade de pertencimento (CANCLINI, 1999); e (c) a comunidade vincula-se à organização de várias formas, entre elas, há a expectativa de geração de empregos, de cuidado com o meio ambiente, de investimento no desenvolvimento do entorno etc. e, em troca, dispõe-se a oferecer mão de obra, estrutura viária, dividir sua rede de saúde pública e sistema de segurança etc. A tessitura organização, nesse sentido, tensiona culturas, imaginários, estruturas e sujeitos/subjetividades, em permanente (re)tecer, tendo a comunicação como "fio" e processo desse *complexus* ("o que é tecido em conjunto", de acordo com MORIN, 2001, p. 20).

Então, como sistemas abertos, as organizações se exercem sobre os sujeitos e estes sobre as organizações. Na mesma direção, compreendendo-se os sistemas sociais como sistemas vivos (CAPRA, 2002), é possível dizer que não se trata de determinações, pois um sistema vivo não é determinado por outros sistemas, e sim perturbado. Dessa forma, ao serem perturbados, os sistemas tendem a se auto(re)organizarem. Isso permite pensar que os diferentes sujeitos do processo social agem sobre a organização de modo que seja permanentemente (re)construída. Por fim, ressalta-se, uma vez mais, que essas relações são, fundamentalmente, relações de comunicação. Isto é, assim como as organizações existem por/em comunicação, pode-se dizer, também, que sua transformação, adaptação e inovação têm sua possibilidade de ocorrência atrelada aos processos comunicacionais.

Referências

BAKHTIN, M. *Marxismo e filosofia da linguagem*: problemas fundamentais do método sociológico na ciência da linguagem. 9. ed. São Paulo: Hucitec, 1999.

BALDISSERA, R. *Comunicação organizacional*: o treinamento de recursos humanos como rito de passagem. São Leopoldo: Unisinos, 2000.

_____. *Imagem-conceito*: anterior à comunicação, um lugar de significação. Porto Alegre: PUCRS, 2004. Tese (Doutorado em Comunicação Social) – Pontifícia Universidade Católica do Rio Grande do Sul, Porto Alegre, 2004.

_____. Comunicação organizacional: uma reflexão possível a partir do paradigma da complexidade. In: OLIVEIRA, I. de L.; SOARES, A. T. N. *Interfaces e tendências da comunicação no contexto das organizações*. São Caetano do Sul: Difusão, 2008a. p. 149-177.

_____. Por uma compreensão da comunicação organizacional. In: SCROFERNEKER, C. M. A. (org.). *O diálogo possível: comunicação organizacional e paradigma da complexidade*. Porto Alegre: EDIPUCRS, 2008b. p. 31-50.

CANCLINI, N. G. *Consumidores e cidadãos*: conflitos multiculturais da globalização. 4. ed. Rio de Janeiro: UFRJ, 1999.

CAPRA, F. *As conexões ocultas*: ciência para uma vida sustentável. 2. ed. São Paulo: Cultrix, 2002.

ECO, U. *Interpretação e superinterpretação*. São Paulo: Martins Fontes, 1997.

FOUCAULT, M. *Microfísica do poder*. 12. ed. Rio de Janeiro: Graal, 1996.

GARRIDO, F. J. *Comunicación, estrategia y empresa*. Medellín: Editorial Zuluaga, 2003.

GEERTZ, C. *A interpretação das culturas*. Rio de Janeiro: LTC, 1989.

MORIN, E. A noção de sujeito. In: SCHNITMAN, D. F. (org.). *Novos paradigmas, cultura e subjetividade*. Porto Alegre: Artes Médicas, 1996. p. 45-58.

_____. *Meus demônios*. Rio de Janeiro: Bertrand Brasil, 2000.

_____. *Introdução ao pensamento complexo*. 3. ed. Lisboa: Instituto Piaget, 2001.

_____. *O método 4.* 3. ed. Porto Alegre: Sulina, 2002.

PINTO, J. Comunicação organizacional ou comunicação no contexto das organizações? In: OLIVEIRA, I. de L.; SOARES, A. T. N. *Interfaces e tendências da comunicação no contexto das organizações*. São Caetano do Sul: Difusão, 2008. p. 81-9.

RUIZ, C. B. *Os paradoxos do imaginário*. São Leopoldo: Unisinos, 2003.

WATZLAWICK, P.; BEAVIN, J. H.; JACKSON, D. D. *Pragmática da comunicação humana*: um estudo dos padrões, patologias e paradoxos da integração. São Paulo: Cultrix, 1993.

COMUNICAÇÃO E CULTURA ORGANIZACIONAL: A COMPLEXIDADE DOS DIÁLOGOS "(IN)VISÍVEIS"

Cleusa Maria Andrade Scroferneker

Refletir sobre a cultura organizacional é dar-se conta do emaranhado de incertezas que envolvem suas diferentes abordagens e concepções. É perceber (e admitir) que, independentemente da vertente paradigmática, há a tentativa expressa de "lugarizar" os indivíduos, fomentar e desenvolver o sentimento de pertencimento. Para Maria Ester Freitas (1999, p. 98), "uma das funções que a cultura organizacional procura exercer é conseguir a adesão, o consentimento, ou seja, a coparticipação de indivíduos e grupos", alterando também "a noção de território na empresa" (FREITAS, p. 99). Corroborando as afirmações de Freitas, Srour (1998, p. 175), destaca que, "na organização, a cultura impregna todas as práticas e constitui um conjunto preciso de representações mentais, um complexo muito definido de saberes". Para Bouchard (1996, p. 275), "a cultura é fluida, fugidia, regeneradora e enganadora. [...] A qualidade de sua nitidez confere força a suas imagens".

Sob essa perspectiva, adentrar e percorrer o universo simbólico das organizações é fascinante. É deparar-se a todo momento com o inusitado de um universo real, irreal e surreal, repleto de universos paralelos, verdadeiros feudos (territórios), com tempos e espaços diferentes e diferenciados, marcados e demarcados. Um universo em que vivem, convivem e sobrevivem indivíduos genéricos e singulares, ativos e reflexivos, de desejo e de pulsão, indivíduos simbólicos em um universo simbólico (CHANLAT, 1996). Um universo de lugares, não lugares (AUGÉ, 1994) e entrelugares (BHABHA, 2005; CASTROGIOVANNI, 2008) em que se esboçam, desenham e se insinuam movimentos aparentemente lineares, simétricos, decifráveis, traduzidos e materializados na cultura organizacional.

Para Motta (2000, p. 89), "o universo simbólico através do qual o imaginário se expressa e as práticas rituais que o constituem são quase sempre uma elaboração grandiosa, de inestimável riqueza e complexidade".

O texto objetiva discutir, à luz do Paradigma da Complexidade (MORIN, 2006, 2005), as (im)possibilidades dos diálogos[1] que constituem e reconstituem, em diferentes tempos e espaços, a cultura organizacional nesse universo simbólico que são as organizações. Na tentativa de atender a esse objetivo (mesmo que parcialmente), recorreu-se a autores que vêm abordando a temática da cultura organizacional sob lentes "menos tradicionais". Tais abordagens incomodam e desacomodam algumas certezas tácitas, e permitem supor que a cultura organizacional revela e desvela o universo organizacional, que é constituinte/constituído por diálogos visíveis e invisíveis. A visibilidade e a invisibilidade desses diálogos, por sua vez, buscam "lugarizar" os indivíduos organizacionais. Por essa óptica, recuperam-se as noções de tempo e espaço (SANTOS, 1996), lugar/não lugar (AUGÉ, 1994) e entrelugar (BHABHA, 2005, CASTROGIOVANNI, 2008), pois se entende que assumem relevância, especialmente para a comunicação organizacional. Neste texto, portanto, propõe-se a reflexão sobre as possibilidades de (re)pensar a cultura organizacional "[...] através da complicação (ou seja, as infinitas inter-retroações), através das incertezas e através das contradições" (MORIN, 2006, p. 102), pois, como bem destacou Morin (2005, p. 467), "a complexidade nos torna sensíveis a evidências adormecidas: a impossibilidade de expulsar a incerteza do conhecimento".

---

[1] Optou-se pela expressão diálogos por se entender que é essa a intenção (consciente e/ou inconsciente) das organizações. Para Marcondes Filho (2008, p. 25, grifo do autor), "o diálogo, na realidade, é **um espaço comum**". Concorda-se com ele quando afirma que, "além das palavras emitidas, circulam sensações, emoções, desejos, interesses, curiosidades, percepções, estados de espírito, intuições e humores" (ibid., p. 26).

A cultura organizacional (re)tecida

Neste momento, busca-se acolhida na noção de complexidade de Edgar Morin, para apreender na tentativa de compreender esse universo intrigante da cultura organizacional. Para esse autor (MORIN, 2006, p. 13), "a um primeiro olhar, a complexidade é um tecido (*complexus* é o que é tecido em conjunto) de constituintes heterogêneos inseparavelmente associados: ela coloca o paradoxo do uno e do múltiplo". Contudo, "num segundo momento, a complexidade é efetivamente o tecido de acontecimentos, ações, interações, retroações, determinações e acasos que constituem o nosso mundo fenomênico" (ibid.). Esse também é o mundo das organizações, aqui denominado *universo*.

É nesse universo complexo que são (re)tecidas as relações na tentativa de "lugarizar" os indivíduos organizacionais. O irreal e o surreal dialogam, enquanto o real se materializa nos móveis, quadros, na arquitetura, nos ambientes, nas cores, nos odores, nas pessoas e nos equipamentos que "oficializam" que estamos nesse "lugar". Para Enriquez (1997, p. 33), "a organização se apresenta atualmente como um sistema cultural, simbólico e imaginário". O sistema cultural se insinua e se define "a partir de uma estrutura de valores e de normas, uma maneira de pensar, um modo de apreensão do mundo que orienta a conduta de seus diversos autores" (ibid.).

O sistema simbólico revela-se nos ritos de iniciação, na criação de mitos, no culto aos heróis e nas narrativas das sagas. De acordo com Enriquez (1997, p. 34), "os mitos, ritos e heróis têm por função sedimentar a ação dos membros da organização, de lhes servir de sistema de legitimação e de dar significação preestabelecida às suas práticas e à sua vida". Para Wood:

> os símbolos dependem da interpretação, que por sua vez está ligada ao contexto cultural no qual os símbolos são gerados e **lidos**. A compreensão dos símbolos depende pouco de estruturas racionais e depende muito de formas de interação direta que unem o consciente ao inconsciente (WOOD, 2001, p. 30, grifo do autor).

Os símbolos "falam", "evocam", "dialogam", produzem sentido. Na opinião de Pinto (2008, p. 83), "o sentido é uma direção que a significação pode tomar dependendo das escolhas que o receptor fizer, dependendo daquilo que o atinge ou que ele quer atingir". Nessa mesma linha de raciocínio, Oliveira e Paula (2008, p. 100) destacam que "o sentido existe na interação estabelecida e [...] é processado na instância receptora".

Para essas autoras, (ibid., p. 103), "os sentidos envolvem suposições, deduções, convivência do novo com o tradicional, permanência e rupturas construídas de acordo com o repertório e universo histórico, social, cultural e econômico de cada um". Sob essa perspectiva, os sentidos serão (re)construídos, considerando as trajetórias e experiências de vida individuais. O sistema imaginário, por sua vez, é (re)produzido pela organização para viabilizar os sistemas cultural e simbólico. Para Freitas:

> o imaginário é o **local** por excelência do projeto a construir, do mundo melhor, da fantasia, do desejo. Esse lugar de origem, ponto de partida de todas as significações, encontra-se no imaginário que é compartilhado pelos membros de uma sociedade ou de um grupo social (FREITAS, 2000, p. 48, grifo da autora).

A cultura organizacional assemelha-se a uma trama, no sentido de tecido tramado, embora possa também ser admitida como "trama" nos ambientes organizacionais. Esse tecido tramado é (re)tecido com base em diálogos simultaneamente visíveis e invisíveis, antagônicos/complementares, que se ajustam e desajustam conforme os interesses organizacionais e os entendimentos individuais. Novamente, retoma-se a noção da produção de sentidos. Os diálogos visíveis se estabelecem dos artefatos (SCHEIN, 2001), das missões emolduradas penduradas na parede, das regras e normas apresentadas e descritas nos manuais, nos organogramas que definem e personalizam os cargos. São os diálogos visíveis, no sentido de compartilhar o que interessa ser compartilhado, porém dialógicos, no sentido atribuído por Morin (2006). A cultura organizacional pretende ordenar/conformar comportamentos aceitos e aceitáveis na organização. Para Marchiori (2009, p. 296), "a cultura organizacional é compartilhada, ressalta o comprometimento das pessoas com os valores, tem sentido emocional, estabelece identificação dos membros, e aprova ou não comportamentos".

No entanto, essa ordem/aprovação instituída formalmente pode ser, e é, "desordenada". Os indivíduos organizacionais, mesmo sabedores dessa ordem, promovem a desordem, revelada nos diálogos invisíveis, nos "não ditos",[2] nos silêncios, nos olhares, no não formal, muitas vezes ignorados e/ou negligenciados pelos gestores. Morin (2006, p. 74) destaca que

---

[2] Para Roman, "enunciados não ditos são os mal ditos impedidos de serem expressos, ou porque não podem, ou porque não devem ser ditos por determinados sujeitos em situações específicas. O não dito, portanto, é mal dito silenciado em razão de uma censura, explícita ou não" (2009, p. 144).

"a ordem e a desordem são dois inimigos: um suprime o outro, mas ao mesmo tempo, em certos casos, eles colaboram e produzem organização e complexidade".

Para Srour:

> as representações imaginárias que uma organização cultiva identificam quem é quem, demarcam praxes nem sempre explícitas, impõem precedências e formalidades compulsórias, regulam as expectativas e pautas de comportamento, e, por fim, exigem cautela e aprendizagem por parte dos seus membros (SROUR, 1998, p. 168).

As representações, as precedências e as formalidades que pretendem "lugarizar" os indivíduos organizacionais,[3] ao mesmo tempo, possibilitam a emergência do não lugar e do entrelugar. Para Augé (1994, p. 73), "o lugar se completa pela fala, pela troca alusiva de algumas senhas, na conivência e na intimidade cúmplice dos locutores, [...] é identitário, relacional e histórico". O não lugar, em oposição, não possui tais características. Para Santaella (2007, p. 174), a concepção de não lugar proposta por Augé (1994) toma como referência "o conceito de lugar antropológico, concebido como lugar de sentido inscrito e simbolizado". Contudo, "existe o não lugar como lugar: ele nunca existe sob uma forma pura" (ibid.). Assim, "o lugar e o não lugar são, antes, polaridades fugidias: o primeiro nunca é completamente apagado e o segundo nunca se realiza totalmente – palimpsestos em que se reinscreve, sem cessar, o jogo embaralhado da identidade e da relação" (AUGÉ, 1994, p. 74).

Cabe destacar que Augé (1994) distingue as noções de espaço e de lugar. Para ele, "o termo **espaço** é, em si mesmo, mais abstrato do que lugar, cujo emprego diz respeito a um acontecimento (que ocorreu), a um mito (lugar-dito) ou uma história (lugar histórico)" (ibid., p. 77, grifo do autor). Santos (1996, p. 77), por sua vez, concebe o lugar como "um ponto onde se reúnem feixes de relações. [...] É pelo lugar que revemos o mundo e ajustamos a nossa interpretação, pois nele o recôndito, o permanente e o real triunfam, afinal, sobre o movimento, o passageiro, o imposto de fora" (SANTOS, 1994, p. 37). O espaço, na concepção desse mesmo autor, "é o meio, o lugar material da possibilidade de eventos" (SANTOS, 1994, p. 41), aparecendo

---

[3] A expressão "colaboradores" é reveladora dessa tentativa.

como substrato que acolhe o novo, mas resiste às mudanças, guardando o vigor da herança material e cultural, a força do que é criado de dentro e resiste, força tranquila que espera, vigilante, a ocasião e a possibilidade de se levantar (SANTOS, 1994, p. 37).

Acredita-se ser possível afirmar que a organização é o espaço em que lugares e não lugares são produzidos e reproduzidos, fazendo emergir o entrelugar. Castrogiovanni (2008), adotando a categoria do terceiro espaço proposta por Bhabha (2005), cunhou a expressão *entrelugar*, que parece ser "uma espacialização multiterritorializada que surge de comportamentos substanciados por sentimentos a partir da cultura e linguagem dos diferentes sujeitos" (ibid., p. 5).

A organização e suas materialidades e imaterialidades consubstanciam-se no espaço, que também é simbólico. Consubstancia-se igualmente no tempo. Para Santos (1994, p. 41), "o tempo é o transcurso, a sucessão de eventos e sua trama". Há diferentes tempos organizacionais: da própria organização em relação a seus prazos, por exemplo, de entrega de produtos/e ou serviços, de sua prestação de contas a acionistas e à própria sociedade, de rever custos e "enxugamento" da estrutura. Há, também, o tempo dos funcionários, de seus horários de trabalho, das horas extras, do executivo que não dispõe mais de seu tempo, sucumbindo ao tempo da organização. Esses tempos transcorrem, cruzam-se e entrecruzam-se, submetendo, no mais das vezes, os tempos individuais aos tempos organizacionais. Para Santos (1994, p. 31), "temos sem dúvida um tempo universal, tempo despótico, instrumento de medida hegemônico, que comanda o tempo dos outros. Esse tempo despótico é responsável por temporalidades hierárquicas, conflitantes, mas convergentes".

Os lugares, os não lugares e os entrelugares são demarcados e remarcados em movimentos constantes, (re)dimensionando e (re)significando as noções de espaço e tempo. O espaço passa a ser território, o domínio, a propriedade. Para Fischer (1994, p. 95), "a ocupação do espaço como se fosse um território envolve um sentimento de responsabilidade e constitui um indício da força do sentimento de se pertencer e do grau de comprometimento da pessoa na organização". Segundo Freitas (1999, p. 99), "o território é um conceito mais psicológico que propriamente físico, ligado às áreas de influência e aos símbolos e status...".

Os indivíduos organizacionais necessitam "lugarizar-se", e esse processo/sentimento de "lugarização" traz consigo a necessidade de pertencer. Fischer (1994, p. 95) entende que: "Do ponto de vista teórico, a ideia de pertencimento progressivo a um espaço parece implicar uma duração suficiente dos lugares para que possa operar-se uma apropriação maior". O pertencer é "o fazer parte". Expressões como "nessa organização somos uma família", "aqui na empresa somos um time" e "essa é nossa casa" buscam, de certa forma, fomentar e legitimar esse sentimento, essa necessidade. Sentir-se em casa, ao lado de uma família que lhe quer bem e atuando no mesmo time: o que mais um "colaborador" poderá almejar? Para Freitas (1999, p. 99), "a vantagem de se poder dizer e se sentir pertencente a um grupo exclusivo faz da dificuldade de ser nele admitido o melhor prêmio, reforçando o sentimento de pertença ou a necessidade e filiação existente em todo o ser humano".

O desejo de pertencer, estabelecer relações de identificação, algumas vezes mascara uma realidade negada, a de efetivamente não pertencer. O indivíduo assume (consciente ou inconscientemente) o seu não lugar. Percebe-se excluído, embora incluído, e busca (re)definir seu lugar. Essa tentativa o situa, então, no entrelugar, cujas manifestações poderão (ou não) ser percebidas pelas diferentes formas de apropriação/demarcação e/ou remarcação de um território pessoal. Para Fischer (1994, p. 97), "a apropriação é um fenômeno complexo pelo qual se realiza e se exprime a fixação a um local", que pode ser interpretado, segundo esse autor, como "um processo de nidificação, isto é, um estilo de ocupação que transforma determinado espaço na casa da gente" (ibid.).

Acredita-se que esses movimentos ('causalidades recursivas') possam ser compreendidos como tentativas para "(re)lugarizar-se". De acordo com Morin (2006, p. 74), "um processo recursivo é o processo em que produtos e efeitos são ao mesmo tempo causas e produtores do que os produz. [...] Somos ao mesmo tempo produtos e produtores".

A cultura e comunicação necessitam ser apreendidas e compreendidas nas especificidades, complementaridades e interdependência, pois, como destacou Marchiori (2009, p. 304), "é preciso haver construção de significado-comunicação para que haja cultura organizacional".

Para Fleury (1989, p. 24), "a comunicação constitui um dos elementos essenciais no processo de criação, transmissão e cristalização do universo simbólico das organizações". Por sua vez, Freitas afirma que:

> através da cultura organizacional se define e se transmite o que é importante, qual a maneira apropriada de pensar e agir em relação aos ambientes internos e externos, o que são conduta e comportamento aceitáveis, o que é realização pessoal etc. (FREITAS, 1999, p. 97).

Sob essas perspectivas, admite-se que a comunicação organizacional promove e estimula diálogos visíveis intencionais ao pretender "lugarizar" os indivíduos organizacionais. Entretanto, concomitantemente a esses diálogos, há outros, pouco inclusivos, que acontecem na indiferença, na falta de reconhecimento e respeito, na ausência de afetividade,[4] na segregação dos espaços. Na opinião de Fischer (1994, p. 100), "os espaços do trabalho não constituem apenas produtos abstratos e neutros; eles são investidos e carregados simbolicamente pelos códigos sociais e por valores que não correspondem necessariamente aos da cultura organizacional". Na visão desse autor, "o espaço é, assim, um vetor da comunicação que produz mensagens sobre a organização". E esse espaço produz e reproduz mensagens impregnadas de sentido/significação. Para Baldissera (2008, p. 165), "a significação que os sujeitos percebem/atribuem a algo, a alguma coisa e/ou alguém, é permanentemente (re)construída". A significação pode, então, "assumir novos contornos a cada novo experimentar". Tal assertiva implica a "necessidade da permanente (re)construção da significação que tem os processos comunicacionais como seu lugar privilegiado" (BALDISSERA, 2008, p. 165).

É nessa (re)construção que os diálogos (in)visíveis são (re)significados em movimentos contínuos (as causalidades),[5] assim como os lugares, os não lugares e os entrelugares são (re)definidos em diferentes tempos. A cultura organizacional e a comunicação organizacional se entrelaçam nos fios da trama que (re)tecem juntas.

Este texto é inconclusivo, pois é fruto de uma prazerosa inquietação, de experiências e incertezas que fazem parte do cotidiano organizacional. Apresenta, portanto, reflexões e divagações sobre cultura e comunicação organizacionais na perspectiva do pensar complexo. Para Morin (2006, p. 83), "o pensamento complexo não recusa de modo algum a clareza, a ordem, o determinismo". Ele os considera insuficientes, sabe que não pode programar a descoberta, o conhecimento, nem a ação. Talvez esse pensar possibilite a compreensão, mesmo que transitória/(in)completa da complexidade dos diálogos (in)visíveis no universo organizacional.

---

[4] Para Sodré (2006, p. 28), "hoje, termos como afeição ou afecção, provenientes de *affectus* e *afectio*, entendem-se como um conjunto de estados e tendências dentro da função psíquica denominada afetividade, mais especificamente, uma mudança de estado e tendência para um objetivo, provocada por causa externa".

[5] De acordo com Morin (2006, p. 86-87), "a complexidade surge neste enunciado: produz coisas e se autoproduz ao mesmo tempo; o produtor e o seu próprio produto". Tal entendimento reapresenta o problema de causalidade linear, da causalidade circular retroativa e da causalidade recursiva. Para ele, "essas três causalidades se encontram em todos os níveis das organizações complexas" (ibid.).

Referências

AUGÉ, M. *Não-lugares*: introdução a uma antropologia da supermodernidade. Campinas: Papirus, 1994. (Tradução de Maria Lúcia Pereira)

BALDISSERA. Rudimar. Comunicação Organizacional: uma reflexão possível a partir do paradigma da complexidade. In: OLIVEIRA, I. L. de S.; NOGUEIRA, A. T. (org.), Interfaces e tendências da comunicação no contexto das organizações. São Caetano do Sul: Difusão, 2008. p. 149-177.

BHABHA, H. K. *O local da cultura*. Belo Horizonte: UFMG, 2005. 3ª reimpressão.

BOUCHARD, S. Simples símbolo: eficácia prática dos sistemas simbólicos da organização. In: CHANLAT, J. F. (coord.). *O indivíduo na organização*: dimensões esquecidas, v. 3. São Paulo: Atlas, 1996. (Tradução de Maria Helena C. V. Trylinski)

CASTROGIOVANNI, A. C. *A complexidade do espaço geográfico escola*: lugar para estudar ou entre-lugar para se encontrar? Porto Alegre: Universidade Federal do Rio Grande do Sul, Programa de Pós-Graduação em Geografia, 2008 (texto impresso).

CHANLAT, J.-F. Por uma antropologia de condição humana nas organizações. In: CHANLAT, J.-F. (coord.). *O indivíduo nas organizações*: dimensões esquecidas, v. 1, 2 ed. São Paulo: Atlas, 1993. (Tradução e adaptação de Aracy Martins Rodrigues)

_____. *O indivíduo nas organizações*: dimensões esquecidas, v. 3. São Paulo: Atlas, 1996. (Tradução de Aracy Martins Rodrigues).

ENRIQUEZ, E. *A organização em análise*. Petrópolis: Vozes, 1997. (Tradução de Francisco da Rocha Filho)

FISCHER, G. N. Espaço, identidade e organização. In: CHANLAT, J. F. (coord.). *O indivíduo nas organizações*: dimensões esquecidas, v. 2. São Paulo: Atlas, 1994. (Tradução de Aracy Martins Rodrigues)

FLEURY, M. T. L. O desvendar da cultura de uma organização: uma discussão metodológica. In: FLEURY, M. T. L.; FISCHER, R. M. (coords.). *Cultura e poder nas organizações*. São Paulo: Atlas, 1989.

FREITAS, M. E. *Cultura organizacional*: identidade, sedução e carisma? Rio de Janeiro: FGV, 1999.

FREITAS, M. E. A questão do imaginário e a fronteira entre a cultura organizacional e a psicanálise. In: MOTTA, F. C. P.; FREITAS, M. E. de. *Vida psíquica e organização*. Rio de Janeiro: FGV, 2000.

MARCHIORI, M. As interconexões entre cultura organizacional e comunicação. In: KUNSCH, M. (org.). *Comunicação organizacional*: linguagem, gestão e perspectivas, v. 2. São Paulo: Saraiva, 2009.

MARCONDES FILHO, C. *Para entender a comunicação*: contatos antecipados com a nova teoria. São Paulo: Paulus, 2008. (Coleção Temas de Comunicação.)

MORIN, E. *Introdução ao pensamento complexo*. Porto Alegre: Sulina, 2006. (Tradução de Eliane Lisboa)

_____. *O método1:* a natureza da natureza. Porto Alegre: Sulina, 2005. (Tradução de Ilana Heineberg)

MOTTA, F. C. P. Os pressupostos básicos de Schein e a fronteira entre a psicanálise e a cultura organizacional. In: MOTTA, F. C. P.; FREITAS, M. E. *Vida psíquica e organização*. Rio de Janeiro: FGV, 2000.

OLIVEIRA, I. L. e PAULA, C. F. C. Comunicação no contexto das organizações: produtora ou organizadora de sentidos? In: OLIVEIRA, I. L.; SOARES, A. T. N. (orgs.). *Interfaces e tendências da comunicação no contexto das organizações*. São Caetano do Sul: Difusão, 2008.

PINTO, J. Comunicação organizacional ou comunicação no contexto das organizações? In: OLIVEIRA, I. L. e SOARES, A. T. N. (orgs.). *Interfaces e tendências da comunicação no contexto das organizações*. São Caetano do Sul: Difusão, 2008.

ROMAN, A. R. Organização: um universo de discursos. In: KUNSCH. M. (org.). *Comunicação organizacional*: linguagem, gestão e perspectivas, v. 2. São Paulo: Saraiva, 2009.

SANTAELLA, L. *Linguagens líquidas na era de mobilidade*. São Paulo: Paulus, 2007.

SANTOS, M. *Técnica, espaço, tempo. Globalização e meio técnico-científico*. São Paulo: Hucitec, 1994.

_____. *A natureza do espaço*: técnica e tempo: razão e emoção. São Paulo: Hucitec, 1996.

SCHEIN, E. *Guia de sobrevivência da cultura corporativa*. Rio de Janeiro: José Olympio, 2001.

SODRÉ, M. *As estratégias sensíveis*: afeto, mídia e política. Petrópolis: Vozes, 2006.

SROUR, R. *Poder, cultura e ética nas organizações*. 6. ed. Rio de Janeiro: Campus, 1998.

WOOD Jr., T. *Organizações espetaculares*. Rio de Janeiro: FGV, 2001.

O PROCESSO DE CONSTRUÇÃO DE SIGNIFICADO NAS ORGANIZAÇÕES DA CONTEMPORANEIDADE

António Fidalgo
Gisela Gonçalves

As **relações públicas**, compreendidas como função de gestão da comunicação entre uma organização e seus mais variados públicos, ocupam lugar central nas sociedades democráticas de nossos tempos. De maneira simples, pode-se afirmar que a prática das relações públicas consiste no desenvolvimento de estratégias comunicacionais que permitam às organizações legitimar suas ações no "tribunal da opinião pública" (IVY LEE, apud HIEBERT, 1966, p. 185). Refletir sobre o modo como essas estratégias são desenvolvidas implica perceber que papel as relações públicas desempenham na ordem social contemporânea, altamente mediatizada e inerentemente comunicacional.

O pressuposto de que os processos comunicacionais desenvolvidos pelas organizações são um traço constitutivo da própria cultura e identidade organizacional, e da consequente imagem projetada na sociedade, é o ponto de partida para a nossa reflexão. Nesse sentido, concentramos nossa atenção nas teorias das relações públicas de inspiração habermasiana, que evidenciam os processos dialógicos de comunicação, centrais à construção de consensos entre a organização e os diversos públicos com os quais interage continuamente. Em última análise, pretende-se demonstrar como, sob a égide da "teoria simétrica das relações públicas", a comunicação das organizações com seus públicos contribui para a constituição e projeção de uma identidade organizacional socialmente responsável, mesmo em situações de conflito.

As relações públicas e o imperativo do diálogo

Jürgen Habermas tem estado no centro da reflexão de vários autores do campo das relações públicas, assim como da comunicação organizacional (PEARSON, 1989, 1989a, 1989b; LEEPER, 1996; BURKART, 2004, 2007, 2009; MEISENBACH, 2006; MEISENBACH; FELDNER, 2009; entre outros). Essa abordagem, muito centrada na denominada "ética da discussão", parece-nos especialmente importante, uma vez que contribuiu para a constituição de um paradigma normativo e comunicacional das relações públicas. Fato que será realçado ao longo deste capítulo.

O canadense Ron Pearson (1989, 1989a) foi o primeiro autor a apresentar uma teoria das relações públicas inspirada na "ética da discussão", introduzida nos anos 1960, 1970, por Karl-Otto Apel e Jürgen Habermas. A grande inovação da ética da discussão, em particular em relação à deontologia kantiana, é que se trata de uma concepção **dialógica** da razão inspirada no *linguistic turn* da filosofia analítica, nomeadamente na teoria dos "atos de fala" (*speech acts*). Enquanto em Kant a determinação do princípio ético universal (imperativo categórico) e sua fundamentação são obra da reflexão solitária de uma razão "monológica", para Habermas e Apel, a indagação ética é associada a uma "razão comunicacional", concretizada numa discussão aberta à pluralidade dos membros de uma comunidade ideal de argumentação. Essa discussão, se tiver por objeto problemas de fundamentação de normas ou princípios práticos, e se for puramente racional, isto é, se decorrer sem dominação, conduzirá a uma solução **consensual** dos problemas.

Habermas parte do princípio de que é a ideia de comunicação que nos constitui e que encerra os critérios de validade da própria comunicação e de seus resultados. Sua Teoria da Ação Comunicacional tem como principal objetivo reconstruir as condições universais de compreensão mútua no processo de comunicação humano por meio da linguagem. "Alcançar a compreensão mútua", diz Habermas, é o "*telos* inerente ao uso humano da linguagem" (1981, p. 287). Ao falar e discutir sobre questões normativas, que são as que nos separam, expressamos nossas posições contrárias. No entanto, se dialogamos é porque procuramos o consenso. Não o consenso alcançado numa ação estratégica, em que a relação entre os falantes não é simétrica, porém desigual, mas, sim, o consenso alcançado numa comunicação justa e simétrica – acordo que merece ser qualificado de racional.

A discussão é um conceito-chave na ética habermasiana na medida em que apenas aquele discurso que tem lugar sob determinadas condições pode ser considerado produtor de verdade e de normas consensuais. Em sua essência, esse consenso deve ser justificado, isto é, deve ser o resultado do melhor argumento sem coerção. De acordo com Habermas, as condições sob as quais a justificação do consenso pode ocorrer estão marcadas pela oportunidade simétrica de os participantes assumirem posições de diálogo nos vários tipos de atos de fala. Essas condições constituem a "situação ideal de fala", um espaço (a esfera pública) no qual o orador e o ouvinte comunicam.

Transpondo essa ideia para a atividade das relações públicas, a teoria de Ron Pearson (1989) incide na possibilidade de se pensar numa "situação ideal de relações públicas" na esfera pública, em que a organização (o orador) e os públicos (os ouvintes) interagem. Mais concretamente, pressupõe que a "situação ideal de relações públicas" é uma precondição para a prática de relações públicas éticas, que possibilitem a compreensão mútua entre a organização e seus públicos e que minimizem os desequilíbrios entre ambos (PEARSON, 1989, p. 241). Assim, tal como na "situação ideal de fala", que se caracteriza pelo diálogo e pelo acordo dos participantes no diálogo sobre um conjunto de regras que facilite esse mesmo diálogo, também a "situação ideal de relações públicas" seria um pressuposto de todos os atos de fala, facilitando o diálogo entre a organização e seus públicos. Esse paralelismo teria consequências nos diferentes tipos de atos de fala, teorizados na pragmática universal de Habermas (1984):

> 1. *Comunicativos* – são atos de fala que devem ser *inteligíveis* para a pessoa a que se dirigem. O comunicador deve "clarificar, oferecer sinônimos, fazer as repetições necessárias para que o ouvinte o perceba, e selecionar os canais de comunicação que melhorem a possibilidade de intercompreensão" (PEARSON, 1989, apud GRUNIG; WHITE, 1992, p. 58).

> 2. *Constatativos* – são atos de fala que "afirmam, reportam, explicam, predizem, negam, objetam ou estimam". Eles "fazem uma pretensão implícita à verdade" e o comunicador deve suportar essa pretensão à verdade **providenciando fundamentos ou razões** (ibid., p. 59).

> 3. *Representativos* – são "atos de fala expressivos que revelam como um orador se sente". Ao fazer tais afirmações, o comuni-

cador deve **ser sincero e mostrar honestidade** com um comportamento "que corresponda à sua intenção expressa" (ibid.).

4. *Regulativos* – são atos de fala que "incluem ordens, comandos, pedidos, admoestações, promessas, acordos e recusas". Ao fazê-los, o orador reivindica que se baseiam em normas válidas ou em sua autoridade e responsabilidade. O comunicador deve, por isso, justificar essas pretensões explicando as normas que dão ao emissor a convicção de que está correto. Se o receptor discordar, a reivindicação deve ser debatida (ibid.).

No entanto, não se pode deixar de realçar, essa "situação ideal de relações públicas", tal como a "situação ideal de fala", é contrafatual – o que significa que nem sempre se reúnem as condições de sua existência. É por isso que, como Pearson (1989) bem explica, mesmo seguindo as regras de diálogo, as organizações e os públicos nem sempre chegam a um consenso sobre as decisões práticas a tomar. Em caso de desacordo, é natural que as pessoas entrem em debate, mas o que é correto ou errado pode apenas ser determinado pelo diálogo, não pela evidência de dados providenciados pela organização.

É importante realçar desde já que o imperativo do diálogo também se encontra no centro de uma das teorias de relações públicas mais conhecidas: a Teoria da Excelência em Relações Públicas (GRUNIG; WHITE, 1992).[1] De acordo com essa teoria, também apelidada teoria simétrica, as relações públicas são "um processo simétrico de compromisso e negociação e não uma guerra pelo poder" (GRUNIG; WHITE, 1992, p. 39). Nesse processo, que denominaram "modelo simétrico bidirecional de relações públicas", a organização "usa a pesquisa e o diálogo para gerir os conflitos, aumentar a intercompreensão e construir relações com os públicos".[2] Além disso, a simetria é percebida como forma de comunicação

---

[1] A Teoria da Excelência em Relações Públicas foi constituída no âmbito do *Excellence in Public Relations and Communication Management Project* – nome atribuído à primeira grande investigação coletiva na área das relações públicas, financiada pela *Research Foundation of International Association of Business Communicators* (IABC), nos EUA. Ao longo de dez anos de estudo, a equipe de pesquisadores liderada por James E. Grunig, da Universidade de Maryland, produziu variadas propostas teóricas, reunidas em numerosos artigos científicos e em três extensos livros, a saber: *Excellence in public relations and communication management* (GRUNIG et al., 1992); *Manager's guide to excellence in public relations and communication management* (DOZIER; GRUNIG; GRUNIG, 1995); *Excellent public relations and effective organizations – a study of communication management in three countries* (GRUNIG; GRUNIG; DOZIER, 2002).

[2] O modelo simétrico bidirecional foi introduzido por James Grunig e Todd Hunt na obra *Managing Public Relations* (1984) na tipologia dos quatro modelos de relações públicas: (1) Publicity/press agentry model; (2) Public information model; (3) Two-way symmetrical model; e (4) Two-way symmetrical model.

"inerentemente ética" (ibid., p. 57), na medida em que abrange o diálogo e o respeito entre aqueles que estão envolvidos na interação comunicacional, ou seja, a organização e os públicos. Nesse sentido, os públicos não são olhados como receptores passivos de informação, mas, antes, como públicos que participam, por meio do diálogo, na construção de significados sobre a própria ação organizacional.

As relações públicas como um processo de intercompreensão

A importância do diálogo para a compreensão entre organizações e públicos é também central no denominado "COPR Model: consensus-oriented public relations", proposto por Roland Burkart (2004, 2009). No entanto, ao contrário de Pearson, o pesquisador austríaco afirma não procurar princípios éticos nem propor uma "tentativa ingênua" de transferência dos princípios de intercompreensão habermasianos diretamente para a realidade das relações públicas (BURKART, 2009, p. 144). Burkart preocupa-se em propor um modelo que possibilite à organização e a seus públicos chegar à intercompreensão e, consequentemente, ao consenso, especialmente útil em situações de conflito ou crise. Em outras palavras, isso quer dizer que se trata de um modelo para legitimar as ações das organizações na sociedade nas situações em que o público questiona as mensagens da organização e não acredita nas pretensões de validade que lhes estão subjacentes (por exemplo, os casos de desastre ambiental ou de demissão em massa).

De modo mais concreto, como se pode ver representado na Figura 8.1, Burkart considera que, em situações de conflito, os receptores podem duvidar da **veracidade** das asserções, da **sinceridade** e da **legitimidade** da comunicação produzida pelas organizações.

Figura 8.1 – Comunicação de relações públicas com base no modelo orientado para o consenso

Fonte: Adaptada de Burkart (2004, p. 462).

Isso significa que, caso se consiga eliminar as dúvidas dos públicos em relação ao conteúdo do discurso e ao *ethos* do comunicador organizacional ou, melhor, caso essas dúvidas sejam antecipadas, o processo comunicacional decorrerá sem problemas. Para contrariar uma situação potencialmente conflituosa entre a organização e seus públicos, Burkart (2009, p. 152-157) propõe que os responsáveis pela comunicação nas organizações apliquem um modelo de comunicação em quatro fases principais:

1. **Informação**. Ter um conhecimento aprofundado sobre determinado tema é um pré-requisito para se poder fazer julgamentos racionais. O relações-públicas deve conhecer os fatos relevantes e torná-los acessíveis aos públicos afetados. A qualidade da informação deve ser clara, quer em relação a dados ou a pessoas/instituições envolvidas, quer em relação à legitimidade dos projetos da organização em questão.

2. **Discussão**. Quando um tema é controverso, as pretensões de validade são postas seriamente em causa, daí que se deva passar à "fase discussão" (ibid., 2009, p. 153). Pode-se recorrer a diversas formas de discussão, tais como: assembleias civis, conferências com *experts*, mesas-redondas, chats on-line monitorados etc.

3. **Discurso**. O relações-públicas deve perceber quais as pretensões de validade que estão em disputa e que necessitam ser validadas por meio do debate discursivo. Se houver dúvidas sobre a **verdade** das afirmações da empresa, o discurso deve basear-se em evidências científicas ou técnicas (por exemplo, relatórios ou auditorias); se as dúvidas incidirem na **legitimidade** do projeto, o objeto do discurso será a justificação dos interesses, objetivos e decisões. A **sinceridade** é a única pretensão de validade que não pode ser objeto de discurso, uma vez que o orador somente poderá provar sua sinceridade por meio de ações subsequentes e não de argumentos.[3]

4. **Definição da situação**. Nesta última fase, verifica-se se o consenso foi alcançado ou quais as pretensões de validade que continuam a ser alvo de discórdia. Desse ponto em diante, a organização decide o que pretende fazer e como continuar a comunicar. Desse modo, o modelo é útil para a planificação, mas também para a avaliação da eficácia da comunicação da organização.

Em suma, de acordo com Burkart, a intercompreensão desempenha um papel importante na gestão do processo de relações públicas porque as organizações são forçadas a apresentar bons argumentos na comunicação dos seus interesses – por outras palavras: "têm que fazer com que os públicos **compreendam** as suas ações" (2009, p. 145). Mais uma vez, este ponto de vista vai ao encontro do modelo simétrico de James E. Grunig, que enfatiza a "compreensão mútua" como o objetivo último das relações públicas. O modelo COPR pretende ser uma ferramenta oferecida ao serviço das relações públicas para aumentar a probabilidade de solucionar conflitos pelo diálogo e gerar a aceitação das organizações na sociedade. No entanto, como realça seu autor, não se trata de "apertar um botão de relações públicas" (BURKART, 2004, p. 465); essa aceitação somente poderá emergir entre as pessoas envolvidas se o processo de intercompreensão estiver funcionando com sucesso.

---

[3] O modelo simétrico bidirecional foi introduzido por James Grunig e Todd Hunt na obra *Managing Public Relations* (1984) na tipologia dos quatro modelos de relações públicas: (1) *Publicity/press agentry model*; (2) *Public information model*; (3) *Two-way symmetrical model*; e (4) *Two-way symmetrical model*, ou seja, com a ideia de que existir um sentido que é compreendido pelo outro é uma condição *a priori* de qualquer interação linguística porque remete para as condições gerais de inteligibilidade, como o respeito pelas regras gramaticais. Essa pretensão será, a princípio, cumprida por qualquer tipo de discurso oficial das organizações.

O pré-requisito para esse sucesso é que a necessidade de diálogo sentida por parte dos públicos, especialmente quando se sentem ameaçados pelas ações das empresas, seja levada a sério pelas próprias organizações.

Cultura organizacional: fator determinante das relações públicas simétricas

A aproximação teórica às relações públicas de Pearson e o modelo de comunicação orientado para a intercompreensão de Burkart fundamentam-se na filosofia dialógica de Habermas. O primeiro enfatiza a obrigação ética de as organizações participarem no diálogo; o segundo entende as relações públicas como facilitadoras de interações dialógicas entre uma organização e seus públicos. Essa visão, como temos defendido ao longo do texto, está também subjacente à teoria simétrica bidirecional de relações públicas de James Grunig:

> Acreditamos que as relações públicas devem ser praticadas para servir o interesse público, para desenvolver a compreensão mútua entre as organizações e os seus públicos, e contribuir para um debate informado sobre os problemas sociais (GRUNIG, 1992, p. 9).

Para ilustrar a aplicabilidade da matriz habermasiana na análise da comunicação das organizações, propomo-nos refletir, ainda que muito sucintamente, sobre um caso ocorrido em 2010: o derrame de petróleo da British Petroleum (BP) no Golfo do México. O pior desastre ambiental da história dos Estados Unidos foi também considerado um dos piores desastres de relações públicas.[4] De acordo com vários autores (HARLOW; BRANTLEY; HARLOW, 2011; MURALIDHARAN; DILLISTONE; SHIN, 2011; GONÇALVES, 2011), os maiores erros da BP na gestão da situação de crise decorreram dos seguintes fatos: a seleção de um porta-voz com pouca credibilidade; a demora na tomada de posição oficial sobre a responsabilidade no problema e no pedido de desculpas público; o evitar responder às muitas questões dos diferentes grupos de públicos, direta ou indiretamente envolvidos no caso; e a elaboração de afirmações erradas e até contraditórias quanto à dimensão do derrame e impacto ambiental.

---

[4] Consulte, por exemplo, o conjunto de artigos sobre o tema no volume 37 da *Public Relations Review* (2011).

Para Habermas, como já se sublinhou no início deste capítulo, a ação racional é o resultado da ação comunicativa – quando os atores não violam os critérios de validade do discurso em seus atos de fala. Esses critérios de validade devem existir para que se constitua a situação ideal de fala, ou, neste caso, como teorizou Pearson, a situação ideal de relações públicas, necessária à intercompreensão. Vejamos como os três critérios de validade, também enfatizados no modelo de Burkart, foram violados no caso da BP:

1. A primeira comunicação oficial da BP, em conferência de imprensa, ocorre sete dias após a explosão da plataforma petrolífera Deepwater Horizon. Nesse discurso, a BP oferecia US$ 5 mil a cada um que prescindisse de futuras indenizações. Apesar disso, ao longo das primeiras semanas, o discurso da BP vai no sentido de evitar a autorresponsabilização pelo acidente, faltando mesmo à **verdade** sobre a real dimensão do problema.

2. A opção inicial pelo silêncio e as manobras de desinformação sobre os fatos são agressivamente discutidos pela mídia e pelos grupos ambientalistas que monitorizavam a operação de tamponamento do poço de petróleo. Estes veem o discurso da BP como uma clara tentativa de fuga à responsabilidade, o evitar apresentar justificações à audiência sobre a **legitimidade** da atividade de exploração de petróleo, com todos os riscos humanos ambientais e materiais associados.[5]

3. A falta de honestidade da BP em relação às dimensões da catástrofe ambiental e ao tempo necessário para reparar o problema e os discursos ambíguos em relação à autorresponsabilização pela situação apontam para a violação do critério de **sinceridade**. O *ethos* do orador corporativo é especialmente ilustrado pelas próprias palavras do porta-voz da BP na ocasião: "Eu penso que o impacto deste desastre ambiental vai ser muito, muito pequeno" (in *USA Today*, de 1º de junho de 2010). A BP acabaria por apresentar na mídia um pedido de desculpas público pela catástrofe ambiental, cerca de um mês e meio depois do início do derrame. No entanto, em parte por

---

[5] Logo no momento da explosão da plataforma morreram 11 pessoas. Além disso, de acordo com uma notícia do jornal *Público*, de 4 de março de 2012, estes são os números finais da tragédia: 4.900 milhões de barris de petróleo bruto derramados nas águas do Golfo durante os 87 dias que foram necessários para selar o poço; 790 quilômetros de faixa costeira atingida pela maré negra; e 1.800 milhões de prejuízos estimados apenas no setor de pesca, durante meses impedido de fazer capturas numa área de 225 mil quilômetros quadrados.

causa essa demora, também esse discurso foi por muitos acusado de oportunista e insincero – apenas uma tentativa de reparar os danos na imagem da BP.

Portanto, na gestão da crise, a BP falhou no cumprimento dos requisitos inerentes à ética da discussão, produzindo dissensão entre a empresa e os vários públicos envolvidos, e a consequente perda de legitimidade social. Respaldados por Deetz (1992), podemos alegar que a infração dos critérios de validade discursiva decorre da colonização do **mundo da vida** preconizada pelas grandes empresas – isto é, a forma como os mecanismos não discursivos de poder e lucro do **sistema** corrompem os processos de ação comunicacional. Sob uma perspectiva de relações públicas, torna-se, então, imperativo sugerir processos discursivos alternativos que incentivem a participação e o diálogo nas organizações. Ou melhor, é necessário um modelo de relações públicas que sublinhe o respeito pelos critérios de validade discursivos habermasianos. Esse enquadramento poderá servir não apenas de pós-teste à validade ética do discurso corporativo (inexistente no caso da BP), mas também, e especialmente, como um guia normativo a adotar. Ora, esta ideia parece-nos claramente próxima do ideal simétrico de relações públicas defendido por James Grunig:

> O modelo simétrico bidirecional evita o problema do relativismo ético porque define a ética mais como o processo do que como o resultado das relações públicas. As relações públicas simétricas providenciam um fórum para o diálogo, a discussão e discurso sobre temas em relação aos quais as pessoas com diferentes valores chegam geralmente a diferentes conclusões. Desde que esse diálogo seja estruturado de acordo com regras éticas, o resultado será ético (GRUNIG; GRUNIG, 1992, p. 308).

Alguns críticos poderão considerar que as pretensões de validade discursiva não levam em conta as relações de poder existentes na realidade. Na verdade, Habermas propõe um espaço discursivo em que as relações de poder são iguais, mas também reconhece que essa igualdade não existe na sociedade. A situação ideal de fala, tal como a situação ideal de relações públicas simétricas, é por isso mesmo um ideal pelo qual os indivíduos e as organizações devem lutar. Assim, apesar do desafio idealista, a provisão de verdade, justificação e sinceridade no discurso organizacional parece ser uma proposta normativa útil para legitimar a comunicação produzida pelas organizações no espaço público.

Não podemos esquecer, no entanto, que a opção por um modelo de relações públicas normativo está intimamente ligada à cultura organizacional, na qual se enquadra o profissional de comunicação em questão. Como Grunig, Grunig e Ferrari (2002, p. 81) realçam muito bem, as culturas autoritárias são geralmente fechadas e resistentes às ideias advindas do ambiente externo e mais propícias ao desenvolvimento de modelos de comunicação assimétricos. Nesse caso, como se pode depreender do exemplo da BP, as relações públicas tenderão a ser compreendidas como uma função responsável pelo **monólogo** promocional, fundador de relações assimétricas entre uma organização e seus públicos. Pelo contrário, nas organizações com uma gestão mais participativa, a cultura é pluralista e aberta às ideias provenientes tanto do ambiente interno como do externo, sendo mais provável a aplicação de um modelo de comunicação de inspiração habermasiana, como o modelo simétrico bidirecional. Somente no seio de uma cultura participativa haverá espaço para entender as relações públicas como responsáveis pela promoção do **diálogo** com os públicos tendo em vista a intercompreensão.

Para concluir, resta enfatizar que, com esta abordagem normativa, propomos o afastamento de uma visão utilitarista da comunicação das organizações em benefício de uma perspectiva "cocriacional", adotando a expressão cunhada por Botan e Taylor (2004, p. 652). O que melhor diferencia a perspectiva **utilitarista** da perspectiva **cocriacional** é a atitude em relação aos públicos. Nesta, os públicos não são apenas um meio para atingir um fim; eles são percebidos como parceiros da organização no processo de construção de significado sobre a organização, as suas ações e o seu lugar na sociedade. Isso quer dizer que a opinião dos públicos é contemplada na gestão da mudança organizacional.

Sob essa perspectiva, os autores acreditam que a reflexão aqui apresentada sobre as relações públicas aponta caminhos importantes para os estudos em comunicação organizacional e relações públicas por duas razões principais. Em primeiro lugar, porque evidencia uma teoria normativa de comunicação de inspiração habermasiana que promove a responsabilidade comunicacional das empresas. Em segundo lugar porque, quer seja pela "situação ideal de relações públicas", quer pela prática das relações públicas orientadas para a intercompreensão, abre-se caminho para as empresas comunicarem de acordo com uma cultura do diálogo, por meio da construção de significados partilhados pelos públicos internos e externos. E, nesse sentido, sublinha-se a possibilidade de ser a comunicação o fator constituinte de organizações social e comunicacionalmente legitimadas no espaço público.

Referências

BOTAN, C. H.; TAYLOR, M. Public relations: State of the field. *Journal of Communication*, v. 54, n. 4, p. 645-61, 2004.

BURKART, R. Consensus-oriented public relations (COPR): a concept for planning and evaluation of public relation. In: VAN RULER B.; VERCIC, D. (eds.). *Public Relations and Communication Management in Europe*. Berlim: Mouton de Gruyer, 2004. p. 459-66.

_____. On Jürgen Habermas and public relations. *Public Relations Review, 33*, p. 249-54, 2007.

_____. On Habermas: understanding and public relations. In: IHLEN O., VAN RULER, B.; FREDRIKSSON, M. (ed.). *Public relations and social theory. Key figures and concepts*. Nova York/ Londres: Routledge, 2009. p. 141-65.

DEETZ, S. *Democracy in an age of corporate colonization*: developments in communication and the politics of everyday life. Albany: State University of New York Press, 1992.

DOZIER, D. M.; GRUNIG, J.; GRUNIG, L. *Manager's guide to excellence in public relations*. Mahwah, NJ: Lawrence Erlbaum Associates, 1995.

GONÇALVES, G. Narrativas de defesa e culpa nos discursos organizacionais. In: PALACIOS, A.; SERRA, J. P. (eds.). *Pragmática*: Comunicação Publicitária e Marketing. Covilhã: Livros LabCom, 2011. p. 85-100.

GRUNIG, J. E. Communication, public relations and effective organizations: an overview of the book. In: GRUNIG, J. E. (ed.). *Excellence in public relations and communication management*. Hillsdale, NJ: Lawrence Erlbaum Associates, 1992. p. 1-28.

_____.; GRUNIG, L. A. Models of public relations and communications. In: GRUNIG, J. E. (ed.). *Excellence in public relations and communication management*. Hillsdale: Lawrence Erlbaum Associates, 1992. p. 285-326.

GRUNIG, L. A.; WHITE, J. The effect of worldviews on public relations theory and practice. In: GRUNIG, J. E. (ed.). *Excellence in public relations and communication management*. Hillsdale, NJ: Lawrence Erlbaum Associates, 1992. p. 31-64.

GRUNIG, L. A.; GRUNIG, J. E.; DOZIER, D. M. *Excellent public relations and effective organizations*: a study of communication management in three countries. Hillsdale, NJ: Lawrence Erlbaum Associates, 2002.

_____.; _____.; FERRARI, M. A. Perspectivas do "Excellence study" para a comunicação nas organizações. In: KUNSCH, M. M. (org.). *Relações Públicas e comunicação organizacional*: campos acadêmicos e aplicados de múltiplas perspectivas. São Caetano do Sul: Difusão, 2002. p. 69-94.

HABERMAS, J. *The theory of communicative action*: reason and the rationalization of society, v. 1. Boston: Beacon Press, 1981/1984.

_____. *The structural transformation of the public sphere*. Cambridge, MA: MIT Press, 1962/1991.

HARLOW, W. F., BRANTLEY, B.; HARLOW, R. BP initial image repair strategies after the Deepwater Horizon Spill. *Public Relations Review*, v. 37, n. 1, p. 80-83, 2011.

HIEBERT, R. E. *Courtier to the crowd*: the story of Ivy Lee and the development of public relations. Ames IA: Iowa State University Press, 1966.

LEEPER, R. V. Moral objectivity, Jürgen Habermas's discouse ethics, and public relations. *Public Relations Review*, v. 22, n. 2, p. 133-50, 1996.

MEISENBACH, R. J. Habermas's discourse ethics and principle of universalization as a moral framework for organizational communication. *Management Communication Quarterly*, v. 20, p. 39-62, 2006.

_____.; FELDNER, S. B. Dialogue, discourse ethics, and Disney. In: HEATH R. L., TOTH E. L.; WAYMER D. (eds.). *Rhetorical and Critical Approaches to Public Relations II*. Nova York: Routledge, 2009. p. 253-71.

MURALIDHARAN, S.; DILLISTONE, K.; SHIN, J-H. The Gulf Coast oil spill: Extending the theory of image restoration discourse to the realm of social media and beyond petroleum. *Public Relations Review*, v. 33, n. 3, p. 226-32, 2011.

PEARSON, R. *A theory of public relations*. (Tese de doutoramento não publicada). Ohio University, Athens, 1989.

_____. Beyond ethical relativism in public relations: co-orientation, rules, and the idea of communication symmetry. In: GRUNIG, J. E.; GRUNIG, L. A. (eds.). *Public Relations Research Annual*, v. 1). Hillsdale, NJ: Lawrence Erlbaum Associates, 1989a. p. 67-86.

_____. Business ethics as communication ethics: public relations practice and the idea of dialogue. IN BOTAN, C. H.; HAZELTON, V. (eds.). *Public relations theory*. Mahwah, NJ: Lawrence Erlbaum Associates, 1989b. p. 111-13.

Estudo de caso

BASF: RELACIONAMENTO COM A COMUNIDADE

Gislaine Regina Rossetti

As comunidades das localidades em que a empresa Basf atua são as protagonistas desta história, que vem sendo escrita e desenvolvida ao longo de mais de uma década. Os desafios são contínuos e preconizam relações e interações pautadas no diálogo aberto e maduro, que, a cada dia, vem decodificando a cultura de ambas: empresa e comunidade.

A empresa

A Basf – The Chemical Company – é a empresa química líder mundial, com mais de 110 mil colaboradores trabalhando em mais de oitenta países e com grande número de parceiros de negócios em quase todo o mundo. Conta com seis complexos químicos *Verbund* – localidades que fazem uso inteligente de recursos, conectando instalações e criando cadeias de valor eficazes – e aproximadamente 370 unidades de produção distribuídas na Europa, na Ásia, na América do Norte, na América do Sul, na África e no Oriente Médio.

Fundada inicialmente com o nome Badische Anilin- & Soda-Fabrik, em 1865, a Basf é uma empresa europeia, uma Societas Europaea (SE), com matriz em Ludwigshafen, na Alemanha. Desde sua criação, quando se dedicava a produzir corantes sintéticos para têxteis utilizando alcatrão de carvão, até os dias atuais, ampliou significativamente sua atuação e hoje está presente em segmentos como petróleo e gás, químicos, tintas, plásticos, insumos para nutrição e cosméticos e soluções para agricultura.

Atuando sob a estratégia *We create chemistry* (nós transformamos a química), a empresa alia êxito econômico, responsabilidade social e proteção ao meio ambiente, na medida em que desenvolve produtos e soluções sustentáveis. A fim de maximizar seu potencial, tem como princípio estratégico reunir todas as forças em uma única empresa para empregar ainda melhor todas as suas competências, que a torna única no setor industrial.

Por meio da ciência e da inovação, seus clientes estão aptos a atender às atuais e às futuras necessidades da sociedade. Assim, são explorados e abertos novos mercados em crescimento, integrando ainda mais sua expertise em Pesquisa & Desenvolvimento, excelência operacional, conhecimento de mercado e relacionamento com o cliente e demais públicos.

Introdução

O mundo está em constante mudança. A informação está cada vez mais rápida e atinge milhões de pessoas em segundos. Essas mudanças são marcadas não apenas por sua rapidez, mas, também, por sua abrangência. Por esse motivo, todos são convidados a acompanhar essa evolução, e as empresas assumem novos posicionamentos dentro da sociedade. As grandes indústrias são o objeto de desejo de países que oferecem incentivos financeiros, fiscais e de infraestrutura para que se estabeleçam em suas terras, gerando mais empregos e, consequentemente, mais riqueza. Contudo, a competição trouxe diversas sanções decorrentes de, seu crescimento desordenado na área ambiental e também na social.

Em um primeiro momento, as principais preocupações da indústria tiveram como foco a aproximação com a comunidade, em geral com ações voltadas à filantropia, seguidas por iniciativas de conscientização da preservação do meio ambiente. Protestos contra os problemas surgidos na área ambiental foram os catalisadores de todo um movimento que transformou substancialmente o papel das empresas no mundo moderno. Diante desses acontecimentos, a Basf planejou uma estratégia de aproximação gradual com a comunidade, priorizando o diálogo mediante iniciativas na área da educação, muitas das quais estão ativas até hoje. Por meio dessa interação efetiva entre empresa e comunidade, o foco foi amadurecendo e consolidando o diálogo aberto e franco entre os dois personagens, e, atualmente, está na sustentabilidade.

Quadro EC1 – Estratégia de aproximação gradual

Anos 1980	Fase inicial	Aproximação/dialogar e ouvir
Anos 1990	Fase intermediária	Parcerias/consolidação do diálogo
Anos 2000	Fase atual	Evolução da interação para a sustentabilidade

Fonte: Proposto pela autora.

Dentro dessa realidade, o papel dos *stakeholders* foi se tornando cada vez mais significativo. Empresas, entidades, acionistas, clientes, fornecedores, comunidade, políticos e jornalistas começaram a se organizar para estabelecer novas regras de convivência.

De modo geral, o mundo empresarial tem sido convocado a compartilhar a responsabilidade de construção de uma sociedade mais justa, e as empresas mais engajadas nesse movimento identificaram ações que deveriam ter como objetivo colaborar com a efetiva transformação social. E o relacionamento da empresa com sua vizinhança ganha especial destaque.

Ponto fundamental na construção desse relacionamento é valorizar o diálogo como agente catalisador da cultura e dos valores da empresa, transformando-o em transcodificador do papel da indústria química na sociedade. Um dos principais desafios propostos à empresa é apresentar a química como uma ciência benéfica para a população, capaz de desenvolver soluções para a inovação e sustentabilidade presentes no dia a dia das pessoas. Assim, as comunidades das localidades onde a Basf está inserida atuam como protagonistas desta história há mais de uma década. Os desafios são contínuos e preconizam relações e interações pautadas no diálogo aberto e maduro, que a cada dia vem decodificando a cultura de ambas: empresa e comunidade.

Identificando a oportunidade

A comunidade vizinha é um dos personagens que influenciam decisivamente a cultura das empresas. É a primeira a ser afetada pela instalação da empresa, tanto pelo aspecto positivo (oferta de emprego, melhorias na urbanização) quanto pelo negativo (tráfego de veículos em ruas próximas, incidência de ruídos, possibilidade de vazamentos e explosões). É natural, portanto, que os líderes comunitários desejem ser informados a respeito dos acontecimentos relacionados com o dia a dia da empresa.

Figura EC1 – Evolução do relacionamento com a comunidade

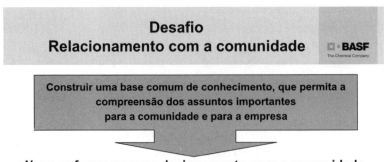

Traduzir as operações da química de acordo com as expectativas da comunidade

Fonte: Proposta pela autora.

Consequentemente, é de suma importância estabelecer e manter sempre aberto o diálogo com a comunidade. Trata-se de um círculo virtuoso, em que a empresa convida a comunidade para que, juntas, possam abrir espaço para discussões e ampliar a visão sob todos os aspectos que envolvem esse relacionamento. Um dos principais benefícios dessa interação é a identificação dos problemas da localidade para, em conjunto, impulsionar o desenvolvimento da comunidade local e de todos que participam desse processo: moradores, empregados e formadores de opinião.

Um relacionamento bem-sucedido com a comunidade exige, além de uma estratégia claramente definida, uma fase de planejamento, compreendendo o levantamento de dados e a definição de um plano, sua execução e posterior avaliação. Entretanto, o diálogo com a comunidade não pode ser encarado como uma estratégia de marketing ou de gerenciamento da imagem da empresa; deve fazer parte da estratégia da empresa como agente catalisador de sua cultura e de seus valores. Empresas que têm o relacionamento com a comunidade como um de seus valores e como parte de sua cultura mantêm diálogo enriquecedor e permanente com a sociedade.

Todos os níveis da empresa devem estar engajados na política de Responsabilidade Social Corporativa, em que está inserido o diálogo com a comunidade. Essa política deve ser transformada em ações práticas e mensagens para que o público perceba e reconheça esse compromisso social. Deve, ainda, ser integrada aos objetivos qualitativos e quantitativos da organização. Além disso, as ações sociais exigem planejamento sistêmico, para transformar os resultados com os parceiros sociais em patrimônio intangível para a empresa.

Para definir a estratégia social da empresa, é preciso analisar objetivos, finalidades e diretrizes que determinarão os rumos e as ações necessários para alcançar o objetivo firmado. Também é essencial estabelecer os recursos financeiros e materiais para a execução do plano de ação. Vale ressaltar que os projetos a serem realizados devem ser analisados à luz desses critérios instaurados e a empresa deve ser coerente com tal linha de conduta.

A missão social do grupo Basf fixa que sua atuação visa garantir o desenvolvimento sustentável das comunidades nas quais atua, por meio de projetos educacionais voltados às áreas de meio ambiente, saúde, cultura e educação (veja quadro).

Quadro EC2 – Parâmetro para definição de políticas e diretrizes

Objetivo	Desenvolvimento comunitário
Localização	Comunidades nas quais a empresa atua
Áreas Programáticas	Meio ambiente, saúde, cultura e educação
Linha de Ação	Projetos educacionais

Fonte: Proposto pela autora.

Definida a estratégia, as ideias relativas aos projetos a serem realizados pela empresa são analisadas sob os critérios a seguir.

» **Sustentabilidade**: projeto que assegure a não dependência em relação à empresa para sua continuidade, garantindo a apropriação do mesmo por outros atores sociais.

» **Parceria**: projeto capaz de atrair outros parceiros e alavancar recursos de outras fontes da comunidade.

» **Replicabilidade**: projeto que crie uma metodologia que possa ser reaplicável para outras fábricas e/ou localidades nas quais atua.

» **Catalisador**: projeto que abrevie processos que naturalmente aconteceriam, partindo de processos que já estejam ocorrendo nas comunidades.

» **Voluntariado**: projeto que crie oportunidades de voluntariado para os colaboradores e seus familiares.

» **Localização geográfica**: comunidades nas quais atua ou tem interesse.

Todas as ideias de projetos apresentados à empresa são analisadas segundo esses critérios. É essa coerência na aplicação da estratégia definida que assegura credibilidade ao plano da empresa e propicia uma efetiva integração com a comunidade.

Construção do projeto

A fase de planejamento do relacionamento com a comunidade abrange duas atividades distintas: levantamento de dados e elaboração do plano de ação.

A primeira deve ser iniciada com a identificação das lideranças comunitárias e a sua respectiva influência (política, comunitária, religiosa, formadores de opinião). É essa liderança, com base na autoridade moral, que deve ser o foco principal de atuação da empresa, com o objetivo de transformá-la em uma parceria do projeto. A correta identificação dessas lideranças é essencial para a empresa poder comunicar bem sua estratégia.

A imprensa não deve ser esquecida. O bom relacionamento com a mídia local e seu entendimento da estratégia da empresa são fatores importantíssimos e que podem contribuir para o fortalecimento do relacionamento com a comunidade. Em geral, a imprensa é o primeiro canal a opinar sobre a estratégia social da empresa. Respeitar os profissionais locais e mantê-los informados são pontos importantes para um bom relacionamento com a comunidade. Igualmente importante é a identificação das lideranças que poderão se opor aos planos da empresa. Esses personagens deverão ser abordados durante a fase de execução do plano na busca por apoio ou para refrear dificuldades porventura criadas.

Conhecer as necessidades e expectativas da comunidade em relação à atuação da empresa é fundamental no processo de desmistificação do real papel da química na vida das pessoas e, consequentemente, da comunidade. Para obter um levantamento confiável, recomenda-se a realização de uma pesquisa de opinião, contemplando informações qualitativas e quantitativas. A validação dos resultados pela liderança comunitária é condição para que o plano seja o reflexo das expectativas da comunidade.

Uma pesquisa bem conduzida revelará a maioria das reivindicações da comunidade; entre elas, aquelas que somente podem ser atendidas pelo poder público (asfaltamento de uma rua ou acesso a água encanada). Por isso, definir limites de ação da empresa para o desenvolvimento da comunidade é fator determinante para o sucesso do projeto. Nesse sentido, é preciso engajar a liderança nesse diálogo para que atuem como agentes de mudança do comportamento dos colaboradores da empresa, criando uma cultura que entenda e sustente o conceito de responsabilidade social como fator de sucesso para a empresa.

O processo envolve diferentes questões a serem abordadas para se alcançar o objetivo proposto, por exemplo, plano dos meios, da estrutura organizacional e dos recursos. Nomear o projeto, com certeza, torna mais fácil sua comunicação entre as pessoas envolvidas. Um bom exemplo disso foi quando o Grupo Basf iniciou o processo de relacionamento com a comunidade de Guaratinguetá, cujo projeto ganhou o nome "Basf a caminho dos 40 anos", numa alusão ao aniversário de sua chegada ao município, que seria comemorado três anos mais tarde. Todas as ações foram comunicadas como parte desse projeto. Finalmente, é preciso estabelecer o modo de avaliação do projeto.

O planejamento dos meios fixa as ações implantadas durante a execução do plano, as quais deverão estar em harmonia com a estratégia da empresa e com as expectativas da comunidade (aquelas levantadas por meio da pesquisa de opinião). Nesse momento, faz-se necessário a definição de um cronograma com o período para execução das ações propostas. A melhor estratégia é estabelecer ações de curto, médio e longo prazos.

As ações necessárias para a empresa transmitir seus projetos à comunidade devem fazer parte desse plano. Nessa etapa, entram várias ferramentas de comunicação, a saber:

» Dia de portas abertas.

» Programas de visitas.

» Entrevistas coletivas com a imprensa.

» Implementação de Conselhos Comunitários Consultivos (CCCs).

» Elaboração de jornal direcionado à comunidade.

A segunda questão do planejamento é estabelecer uma estrutura organizacional capaz de executar os projetos propostos, isto é, definir o responsável pela execução do projeto.

Outro ponto importante diz respeito ao planejamento do *budget*, pois a realização do projeto e, consequentemente, a elaboração do plano de ação dependem da disponibilidade de recursos. Nessa fase, a empresa deverá utilizar os resultados da pesquisa de opinião para identificar as prioridades da comunidade e alocar melhor seus recursos. Manter a estratégia de custos definida e previamente comunicada aos diferentes *stakeholders* ajudará a evitar problemas, além de ser fator importante para o sucesso do projeto.

Assim, cabe ao profissional de Relações Públicas um duplo papel:

1. Analisar e conhecer os anseios, os desejos e as atitudes do público-alvo, bem como suas lideranças e sua forma de atuação.

2. Recomendar à empresa os meios pelos quais possa corresponder aos interesses de seu público utilizando a informação e o diálogo.

Execução

Aqui começa a fase mais importante: a execução do planejamento previsto. Entretanto, vale salientar que se faz necessária a elaboração de um plano de comunicação que transforme cada etapa do processo em um evento que a comunidade efetivamente reconheça como contribuição da empresa para o desenvolvimento da sociedade.

Eventos reunindo a comunidade, divulgação na imprensa local são algumas das atividades que devem fazer parte do plano de comunicação para cada etapa cumprida, sempre buscando o envolvimento das lideranças comunitárias e da imprensa. O objetivo da equipe de comunicação não é apenas disseminar e divulgar informações. O foco principal é criar com a comunidade a consciência de que aquelas ações correspondem a uma estratégia predefinida, de acordo com os desejos da comunidade revelados pela pesquisa de opinião. Por isso, deve estar claro para a equipe de comunicadores da empresa o fato de ser imprescindível criar e manter um processo de comunicação que respeite as características de cada público, adotando abordagem e linguagens específicas para cada um deles.

O relacionamento com a comunidade pressupõe contato pessoal e disponibilidade para receber e dialogar com pessoas de diferentes níveis e culturas, e é fundamentalmente um processo de conquistar confiança. Por isso, é preciso criar uma cultura, fazendo com que os executivos da empresa dialoguem com líderes comunitários, mantendo a postura adequada. Desse modo, será necessário, também em âmbito interno, um intenso trabalho de preparação e conscientização das lideranças. A confiança é difícil de ser construída, porém, pode facilmente se romper por posturas inadequadas.

É o reconhecimento de que a empresa está contribuindo para o desenvolvimento da comunidade, de maneira estruturada e abrangente, que solidificará o sucesso do projeto.

Avaliação

O processo de avaliação de um projeto de comunicação é uma das ferramentas mais importantes para o constante aperfeiçoamento das atividades da empresa. Diante disso, a realização de pesquisas de opinião periódicas para avaliar não apenas a execução do plano, mas também a evolução da percepção da empresa perante a comunidade é o caminho mais adequado. Por conseguinte, a realização de reuniões periódicas com a liderança comunitária também é um excelente instrumento de avaliação.

A Basf realiza periodicamente reuniões com os representantes dos CCCs em algumas localidades em que atua, como: Guaratinguetá (SP), Demarchi-São Bernardo do Campo (SP) e Camaçari (BA). Por meio desses encontros, foi possível constatar que a comunidade reconhece o papel da Basf na sociedade local e, também, como sendo uma empresa confiável.

Nosso desafio atual, entretanto, é fazer com que nossos *stakeholders*, entre eles a comunidade, percebam a empresa como alavancadora de inovação e sustentabilidade. Busca-se o amadurecimento da relação entre a empresa e a sociedade local, passando de uma cultura de assistencialismo para uma atuação mais voltada para a parceria, o diálogo, a cooperação e o compromisso mútuo com a sustentabilidade.

Outra forma de avaliação dos resultados é o reconhecimento externo, por fontes independentes. Entre eles, podem-se citar reconhecimentos de publicações de elevada reputação, tais como: "Guia 2012" da revista *Você S/A* ; "As melhores empresas para você trabalhar" da revista *Exame*; índice Dow Jones de sustentabilidade; Empresa Química mais Transparente do Mundo; Prêmio Época Empresa Verde; Prêmio Best Innovator, da revista *Época*, entre outros.

Nessas ou em qualquer outra modalidade de avaliação, é necessário que os resultados sejam decodificados e transformados em informações para o aperfeiçoamento do plano. Isso possibilitará aprimorar seu relacionamento com a comunidade e, consequentemente, construir a boa imagem e a reputação da empresa perante a sociedade.

Conclusão

É importante destacar que este estudo de caso cobre apenas um dos aspectos do conceito de comunicação integrada da empresa: o relacionamento com a comunidade. No mundo globalizado, o gerenciamento de informações é uma ferramenta poderosa para tomadas de decisão. Ao avançarmos para o mundo moderno, houve muitas mudanças, e a principal delas é a democratização do conhecimento.

Empresas globais têm se dedicado a desenvolver sua capacidade de se comunicar com seus diferentes públicos – clientes, colaboradores, investidores, parceiros comerciais, representantes políticos, autoridades públicas, mídia, consumidores e a comunidade –, de forma estratégica, com as ferramentas adequadas e com mensagens consistentes. O engajamento no diálogo aberto e franco, convidando seus *stakeholders* para o debate, para um novo meio de interação, nos quais as relações possam e devam ser alicerçadas em base sólidas e atitudes coesas. Torna-se essencial, portanto, para as organizações o gerenciamento efetivo desse diálogo.

O sucesso da comunicação empresarial está fortemente ligado à capacidade de comunicação da empresa. De fato, será impossível obter sucesso em um plano de relacionamento com a comunidade na qual atua se a empresa não for reconhecida pela sociedade como efetivamente comprometida com a responsabilidade social corporativa.

Ganhar dinheiro e pagar impostos não é mais suficiente. As empresas dividem cada vez mais a responsabilidade pelas comunidades nas quais estão inseridas. Por esse motivo, o relacionamento com a comunidade é parte da cultura de comunicação integrada da Basf.

ROTEIRO PARA ANÁLISE DA FACE

Marlene Marchiori

O **Grupo de** Estudos Comunicação e Cultura Organizacional (Gefacescom),[1] cadastrado no CNPq, nasceu em 2003 na Universidade Estadual de Londrina (UEL).

Um dos maiores desafios organizacionais da atualidade concentra-se, primeiramente, em sua instância interna. Cada organização é única, assim como é o ser humano, com sua cultura peculiar, seus valores, sua forma de ser e ver o mundo. Somos testemunhas de que as organizações são compostas essencialmente de pessoas e sabemos que são elas que fazem, que arquitetam, que realizam e que constroem autenticidade nos relacionamentos. O desvelar das faces da cultura e da comunicação organizacional instiga o conhecimento desses ambientes, em seus processos, práticas, estruturas e relacionamentos.

O Gefacescom, ao desenvolver pesquisas teóricas sobre a temática, identificou que os estudos poderiam ir muito além do entendimento da cultura como visão, missão e valores nas organizações. Assim, desvendou e identificou diferentes faces, que possibilitam o conhecimento das realidades organizacionais, com linguagem e conteúdo próprios, sendo inter-relacionadas com a perspectiva de análise da cultura e da comunicação organizacionais. Um roteiro com sugestões de perguntas, adaptável para a análise de cada estudo temático, pode orientar o desenvolvimento

---

[1] Disponível em: <http://www.uel.br/grupo-estudo/gefacescom>. Acesso em: 16 set. 2013.

de trabalhos nesse campo específico e em seus relacionamentos. O roteiro pode ainda fazer crescer o nível de questionamentos ao explorar, mais detalhadamente, as diferentes faces, de acordo com a realidade observada na organização estudada, fazendo emergir possibilidades de estudos que revelem interfaces e novas faces.

Nos volumes da coleção *Faces da cultura e da comunicação organizacional* encontram-se diferentes roteiros, totalizando mais de setecentos questionamentos.

Agradecemos a participação dos alunos de iniciação científica do Gefacescom, dos pesquisadores colaboradores Regiane Regina Ribeiro e Wilma Villaça e dos colegas Fábia Pereira Lima, Leonardo Gomes Pereira e Márcio Simione que, com seus conhecimentos sobre campos específicos, colaboraram no desenvolvimento dos roteiros.

Comunicação e interação

1. O que você entende por interação?

2. De que forma a organização age para estimular processos de interação?

3. Como se dão os processos de interação na organização?

4. Como atuar para que o processo de interação não se restrinja a ação e reação?

5. A interação nas organizações deve acontecer por meio de um sistema aberto, ou seja, com trocas entre o sistema e o ambiente. Que tipo de abertura é dado pela organização para favorecer essas trocas?

6. Qual o nível das relações presentes na organização? Mais unilaterais ou circulares?

7. Os funcionários se sentem integrados com o processo de comunicação da organização?

8. A cultura da organização favorece processos de interação ou atua como limitadora desse processo? De que maneira?

9. Quais os estímulos dados à interação mútua frente à interação reativa?

10. As novas tecnologias integradas à organização favorecem o processo de interação ou geram isolamento?

11. O processo de interação na organização baseia-se em roteiros predefinidos?

12. Você acredita que processos de interação possam contribuir para o fortalecimento da organização?

Diálogo

13. O que a organização entende por diálogo? Como se dá esse processo na organização?

14. Como você vê o envolvimento das lideranças no processo de diálogo em todos os níveis organizacionais?

15. Quais os benefícios que o diálogo fomenta para a cultura organizacional?

16. A organização possibilita o diálogo por meio de estratégias comunicacionais? Em caso afirmativo, quais?

17. A organização oferece algum meio (conversas pessoais, reuniões, confraternizações) que facilite e estimule o diálogo entre todos os níveis do organograma institucional?

18. Existe a preocupação da organização com o surgimento de ruídos comunicacionais que atrapalhem o diálogo efetivo?

19. Em que níveis da organização o diálogo é estimulado?

20. O diálogo é utilizado como ferramenta estratégica para viabilizar as ações organizacionais?

21. O diálogo é trabalhado pela organização de maneira formal ou informal?

22. Como seus colaboradores se utilizam do diálogo em seus relacionamentos internos na organização?

23. Qual é a dimensão do diálogo no processo de tomada de decisão?

24. Como você avalia o diálogo na organização? De forma positiva ou negativa? Por quê?

25. Como você avalia um diálogo bem estruturado?

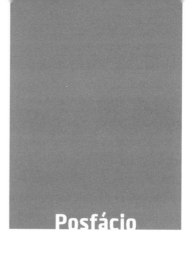

Posfácio

Este volume, *Cultura e interação*, o quinto da coleção *Faces da cultura e da comunicação organizacional*, expressa a complexidade das organizações em sua constituição humana e social. As organizações são formadas por pessoas como seres individuais e sociais que se interconectam com seus diferentes universos cognitivos e suas culturas, por meio de um processo comunicativo em torno de objetivos comuns. Ao se somar a cultura do "outro" à da organização, a qual tem seus valores e atua em determinados contextos sociais, políticos e econômicos, as pessoas se submetem a contínuas interações, sob diferentes perspectivas e conflitos que permeiam o ato comunicativo no interior das organizações.

Os aspectos relacionais, a subjetividade presente na organização, os contextos, os condicionamentos internos e externos, bem como a complexidade que permeia a comunicação presente nas organizações, constituem elementos fundamentais para pensar a cultura e suas diversas interfaces no ambiente organizacional. Daí a necessidade de se superar a visão meramente mecanicista da comunicação ou sua dimensão instrumental e incorporar uma visão humanista, com aportes conceituais dos paradigmas interpretativo e crítico.

Quando se fazem referências a contextos, aspectos relacionais etc., busca-se enfatizar que a comunicação organizacional tem de ser pensada sob uma perspectiva da dinâmica da história contemporânea. Para tanto, é preciso fazer a leitura das realidades situacionais, observando-as, interpretando-as, tentando compreendê-las como estruturas cognitivas que cada pessoa possui, e entre as quais, certamente, selecionará o que de fato lhe interessa, criando significados próprios e reagindo em razão de circunstâncias condicionadoras ou não. Dessa forma, pode-se logo perceber a complexidade que é tratar a comunicação e a sua interface com a cultura no cotidiano das organizações.

As pessoas que se comunicam entre si, por meio de processos interativos, viabilizam o sistema funcional para sobrevivência e consecução dos objetivos organizacionais em um contexto de diversidades, conflitos e transações complexas sob os impactos provocados pela revolução digital. Consequentemente, o modo de produzir e de veicular as mensagens institucionais também passa por profundas transformações. Essa nova dinâmica de processamento de informações e da comunicação na era digital altera completamente as maneiras de relacionamento e o modo de produzir a comunicação. Tudo isso provoca profundas transformações no ambiente organizacional e põe em xeque a visão e a classificação tradicional de ver a comunicação meramente como transmissão de informações e como simples fator estratégico para alavancar negócios.

Todos esses aspectos relacionados convergem para enfatizar e reafirmar a importância da valorização humana e social nas organizações. Somente assim será possível existir cooperação, envolvimento e satisfação das pessoas no dia a dia do mundo do trabalho no âmbito das organizações.

Margarida M. Krohling Kunsch
Professora titular e diretora da Escola de Comunicações
e Artes da Universidade de São Paulo (ECA-USP)
Presidente da Federação Brasileira das Associações
Científicas e Acadêmicas de Comunicação (Socicom)

Impressão	Sermograf Artes Gráficas e Editora Ltda. Rua São Sebastião, 199 Petrópolis, RJ

*Esta obra foi impressa em offset 75g/m² no miolo,
cartão 250g/m² na capa e no formato 16cm x 23cm.*

Março de 2014